TILLMANN BENDIKOWSKI

Allein unter Müttern

TILLMANN BENDIKOWSKI

Allein unter Müttern

Erfahrungen eines furchtlosen Vaters

C. Bertelsmann

MIX
Papier aus verantwortungsvollen Quellen
FSC® C014496

Verlagsgruppe Random House FSC-DEU-0100
Das für dieses Buch verwendete
FSC®-zertifizierte Papier *Munken Premium*
liefert Arctic Paper Munkedals AB, Schweden.

1. Auflage

Umschlaggestaltung: RME · Roland Eschlbeck und Rosemarie Kreuzer
Satz: Uhl + Massopust, Aalen
Druck und Bindung: GGP Media GmbH, Pößneck
Printed in Germany
ISBN 978-3-570-10115-5

www.cbertelsmann.de

INHALT

Vorwort
EINE FORSCHUNGSREISE

Vor acht Jahren bin ich erstmals unter die Mütter geraten. Vorher war ich einfach nur ein Mann, der mit allen Stärken und Schwächen tat, was Männer halt so tun (was das im Detail ist, gehört hier im Moment nicht hin). Als unser erster Sohn geboren wurde, hielt ich es erstens für eine gute Idee und zweitens für die Erfüllung eines lang gehegten Traumes, mein Berufsleben erst einmal hintanzustellen, so dass ich mich ganz um unseren Filius kümmern konnte, während meine Frau arbeiten ging. Damit begann nicht nur ein großartiges Abenteuer, sondern – das sollte ich allerdings erst mit den Jahren begreifen – meine eigentümliche Transformation: Ich wurde selbst zu einer Mutter, in einem sozialen Sinne selbstverständlich.

Dieser zuweilen höchst unterhaltsame Transformationsprozess war eigentlich zeitlich befristet. Aber da meiner Frau und mir das Schicksal nach wenigen Jahren noch zwei weitere Söhne bescherte und ich die Mutter-Werdung eines Vaters noch einmal durchlaufen durfte, konnte ich meine seinerzeit gesammelten Erfahrungen jetzt überprüfen und ihnen zugleich neue hinzufügen. Zunehmend wusste ich, dass ich unschätzbares Wissen über eine legendäre Figur zusammengetragen hatte: über die Mutter. Sie ist bekanntlich ein deutscher Mythos – und noch heute, in den aufgeregten Feuilleton-Schlachten um die Frage nach der Zukunft der deutschen Familie, ist sie eine feste Größe. Aber trotz aller Präsenz: Wissen wir (und nicht nur wir Männer) eigentlich genug über die Mütter?

Seit Jahren habe ich also die Chance, als »Mutter ehrenhalber« unter Müttern zu leben. So mache ich – fast – alles, was eine Mutter heute so tut: Ich war Teil des Kosmos Kinderspielplatz, zwischenzeitlich auch Ansprechpartner in der Krippe und im Kindergarten, ich nahm an einem Baby-Massage-Kursus teil, ich war beim nachmittäglichen Kräutertee-Trinken bei anderen Müttern mit von der Partie und fand mich selbstverständlich mitten in den wirklich wichtigen Debatten darüber wieder, mit welchem Kind aus dem Kindergarten welches Kind am Nachmittag spielen darf und was wir Mütter der Erzieherin denn diesmal zum Geburtstag schenken sollten (sie bekam übrigens regelmäßig etwas für ihr Pferd, deshalb waren die Debatten eigentlich reine Zeitverschwendung; ach ja, nur einmal bekam sie ein Bowle-Set für acht Personen – allein dessen Existenz war für mich verwirrend neu, weil ich Bowle-Sets bis dahin für ein historisches Phänomen gehalten hatte).

Was ich sah und lernte, was mich erstaunte und verwirrte, in was ich mich verliebte und über was ich herzhaft lachen konnte – das meiste davon findet sich in diesem Buch. Es ist in erster Linie für alle Mütter geschrieben. Dachte ich zunächst. Aber wenn ich ehrlich bin, so soll es doch wohl mehr ein Buch für die Männer sein. Es ist so etwas wie der Bericht über eine Forschungsreise in ein uns bislang unbekanntes Land – und nicht zuletzt ist es, liebe Männer, ein Buch über eure Frauen. Besser, ihr lest es. Bevor es andere tun …

»DAS KIND BRAUCHT EINE MUTTER«

Am Anfang eines glücklichen Kinderlebens steht heute fraglos ein Säuglingsmassage-Kurs. Selbstverständlich kommt zwar erst die Geburt, dann die Entlassung aus dem Krankenhaus und das Eintreffen in den eigenen vier Wänden (einige machen noch einen Umweg über IKEA, um ihrem Neugeborenen erst einmal ein wirklich schönes Erlebnis zu verschaffen). Wenn das alles geschafft ist und wenn dann die eigene Familie und der engste Freundeskreis das kleine Bündel ausgiebig bestaunt haben, stellt sich rasch die Frage, was man demselbigen denn jetzt Gutes tun könne. Einfach so zuhause rumhängen, rumknuddeln, albern sein und nur dann und wann mit dem Kinderwagen durch den nahen Park schieben erscheint heutzutage doch zu dürftig. In die Lücke der längst grassierenden frühelterlichen Ratlosigkeit hat sich in den vergangenen Jahren ein breites Angebot an Säuglings-Kursen geschoben. Mit ihnen, so haben die rastlosen Eltern längst erkannt, fängt das Leben erst richtig an.

Ich hatte schon während der Schwangerschaft in den vielen Elternzeitschriften von den Kursangeboten in der

Stadt gelesen (diese Zeitschriften lagen bei der Frauenärztin und im Krankenhaus immer griffbereit, kein moderner Vater würde in diesen Wartezimmern ernsthaft nach der einzigen, aber erstaunlicherweise schon ziemlich zerfledderten »Auto, Motor, Sport« greifen). Von den vielen Möglichkeiten war ich zugegebenermaßen zunächst etwas überfordert: Frühkindliche musikalische Erziehung schien mir für einen gerade sechswöchigen Säugling dann doch etwas übereilt, Babydance und Yoga für Kinder entsprachen nicht ganz meinem persönlichen Bewegungsraster, und von der Teilnahme an einem der legendären PEKiP-Kurse nahm ich Abstand, als ich erfuhr, dass dabei nur die Kinder nackt sind (diesen blöden Kalauer musste ich an dieser Stelle einfach loswerden). Ich entschied mich also für etwas Handfestes, einen Massage-Kursus für Säuglinge. Da passten mein Sohn und ich perfekt rein: über sechs Wochen (also das Kind) und Aufgeschlossenheit für die körperlichen Bedürfnisse eines Säuglings (bei mir). Ich meldete uns an.

Der Kursus fand in einer der vielen Elternschulen statt, die den Charme einer evangelischen Familienbildungsstätte ausstrahlen: nüchtern und funktional, bemüht, nicht besonders gut organisiert, die Stimmung vielleicht etwas zu streng, dafür aber tendenziell ein wenig zu humorlos. Als die Teilnehmer eintrafen, wurde mir schnell klar, dass ich unter den zehn Angemeldeten selbstverständlich der einzige Mann war. Mein Sohn und ich hatten es also ausschließlich mit Müttern zu tun – und mit der Kursleiterin. Sie führte uns in den Seminarraum, der entsprechend vorbereitet warm war, was bedeutete, dass er völlig überhitzt war. Säuglingsheiß. Umgehend war ich gestresst und vollständig durchgeschwitzt – mein Sohn war noch immer voller Erwartung.

Zunächst setzten sich alle Mütter in einen Kreis, die Kinder lagen zwischen den ausgebreiteten Beinen der Teilnehmer, dann stellte sich jeder vor. Warum man sich bei einem einmaligen Treffen mit Namen bekannt macht und erzählt, welch schwere Schwangerschaft oder was auch immer man/frau hinter sich hat, blieb mir zwar schleierhaft, doch ich machte brav mit. Aber mir war heiß. Die Kinder wurden ausgezogen, dann machten wir alle Beckenbodengymnastik. Alle. Auch ich. Ich hatte zwar kein Kind zur Welt gebracht – was Wunder wussten das im überhitzten Seminarraum alle –, aber ich war nun einmal gleichberechtigter Kursteilnehmer und machte also mit. Ich fühlte die Blicke. »Auch der junge Mann macht das ausgezeichnet«, witzelte die Kursleiterin. Mir war heiß.

»Und jetzt, wo wir alle so schön entspannt sind, schließen wir die Augen, denken an eine weite Berglandschaft und lassen uns von dieser einzigartigen nepalesischen Meditationsmusik treiben.« Daraufhin drückte die Kursleiterin den Start-Knopf ihres mitgebrachten Ghettoblasters, wobei sie leider vergessen hatte (und ich werde mich an dieser Stelle in keinster Weise der billigen Polemik über das technische Verständnis von Frauen bedienen), dass der Lautstärke-Regler noch auf die höchste Stufe eingestellt war. Ein infernalischer Lärm hob an, und die irritierte Kursleiterin nestelte unglaublich lange und hilflos an dem plärrenden Gerät herum, bis es ihr schließlich doch gelang, die Meditationsmusik aus dem fernen Nepal zumindest auf Zimmerlautstärke herunter zu regulieren. Für meinen Sohn war aber auch das noch zu viel. Meine Frau und ich hatten daheim bislang massiv auf Reizreduktion gesetzt, nicht einmal den Deutschlandfunk hörten wir in Gegenwart des Jungen (sogar »Aus Religion und Gesellschaft« enthielten wir ihm noch vor). Diese Form von Meditationsmusik sprengte notwendigerweise seinen noch jungen Vorstellungsrahmen, weshalb er das Gejaule als direkten Anschlag auf sein junges Leben werten musste. Er tat, was in seiner Kraft stand: Er schrie wie am Spieß. Angesichts der Situation wundert es mich rückblickend nicht, dass er sich nicht beruhigen ließ. Verzweifelt sprach ich ihm gut zu, nahm ihn auf den Arm und gab ihm sogar den Schnuller, was ich sonst sorgsam vermied.

Ich wähnte mich mit meinen Beruhigungsstrategien schon auf gutem Weg, da nahte die Kursleiterin. Sie streckte ihre evangelischen Familienbildungshände nach meinem Erstgeborenen aus, um ihn zu ergreifen. Instinktiv zog ich das nunmehr noch lauter schreiende Bündel an mich. »Das Kind«, schrie die Kursleiterin durch die noch immer in sportlicher Lautstärke dudelnde nepalesische Meditationsmusik und das im

Stress der Situation inzwischen vielstimmige Babygebrüll und kam, mit den Händen voran, immer näher. »Das Kind braucht jetzt eine Mutter!« Die offenbare Abwesenheit meiner Frau bestärkte mich in meinem Eindruck: Sie meinte zweifelsohne sich selbst. »Ich *bin* die Mutter«, brüllte ich durch den Lärm zurück.

Meine Mutter-Werdung erfolgte so spontan, dass ich über diese Zuspitzung ebenso erstaunt war wie die Kursleiterin. Ihr offensichtliches Stutzen nutzte ich zur Flucht, raffte die Klamotten meines Sohnes zusammen (der ja immer noch nackt war) und rettete mich mit dem Knaben hinaus auf den Flur. In einer geschützten Ecke zog ich ihn mit zitternden Händen an, ich war durchnässt, mir war kalt. Mein Sohn war still. Und als wir fertig waren und ich ihn auf dem Arm aus der Elternschule trug, glaubte ich auf seinem Gesicht ein dankbares Lächeln zu sehen. Den Rest des Tages haben wir kuschelnd auf dem Wohnzimmersofa verbracht, und Baby-Kurse haben wir auch keine mehr besucht.

DAS DÜMMERE GESCHLECHT

Wenn es um Kindererziehung geht, ist die ewige Frage nach der Verteilung von Klugheit und Dummheit auf die Geschlechter deutlich entschieden – zu Ungunsten der Männer selbstverständlich. Dieser Status ist allerdings auch redlich verdient, zu lange haben sich Väter nicht nur in den Augen der Mütter zu dämlich angestellt (es wird noch zu diskutieren sein, ob sie wirklich dämlich sind oder sich in einem gewieften Akt der Kommunikationsguerilla nur absichtlich dumm anstellen). Ein Besuch im nahen Drogerie-Markt macht mir in drolliger Permanenz deutlich, wie hilfsbedürftig das dumme Geschlecht aus weiblicher Perspektive schon bei einfachsten Fragen der Kinderversorgung ist: Allein wenn ich wenige Sekunden zu lang – also mehr als zwei – vor dem Regal mit der Babynahrung verweile, eilt eine freundliche Verkäuferin herbei (von wegen Service-Wüste Deutschland, Herrschaften!). »Kann ich helfen?«, lächelt sie mich gutmütig-verzeihend an. Selbstverständlich ist das lieb gemeint, denn Hilflosigkeit in Sachen Nahrungsbeschaffung (und -zubereitung) ist ja das Stammland der Männer. »Ach bitte, ja«, lautet die richtige Antwort, auch wenn man längst weiß, welchen Babybrei man kaufen will – wir wollen die Hilfsbereite doch mit einem guten Gefühl zurücklassen. »Vielen Dank. Und: einfach nur aufkochen, oder?«

Die Vorstellung vom dümmeren Geschlecht ist bei Müttern fest verankert. Einmal besuchte mich (und also auch unsere Kinder) eine Freundin, die mich doch bislang als erwachsenen und hoffentlich verantwortungsvollen Zeitgenossen kennengelernt hatte (glaubte ich jedenfalls). In dem Moment, als ich ihr eine Nuckelflasche mit Milch in die Hand drückte, damit sie mal eben einen der Säuglinge füttern sollte, fragte sie mich besorgt zurück, ob die Flasche – sie meinte dabei den Inhalt – nicht zu heiß sei. Ganz so, als sei das Wärmeempfinden von Männern durch Millionen Jahre der Evolution so deformiert, dass sie die richtige Temperatur für Säuglingsmilch (Jungs, aufgepasst: Wenn man die Flüssigkeit aus dem Sauger auf die eigenen Pulsadern tröpfeln lässt und weder Wärme noch Kälte empfindet, ist es richtig) nicht wahrnehmen können. Oder: Sie sind einfach zu schusselig für solche Aufgaben.

Das gilt aus mütterlicher Sicht auch für andere simple Dinge des Lebens. Mein Paradebeispiel ist der Schuhkauf: Wenn ich mit einem meiner Kinder ein Schuhgeschäft betrete (es ist Vormittag, außer den Verkäuferinnen sind zumeist nur andere Frauen zugegen), kündigt sich das Drama mit entschlossenen Schritten an: Eine Schuhfachverkäuferin Ende fünfzig nähert sich. Das Kind braucht neue Sommerschuhe? »Dann messen wir

mal.« – »32«, bemerke ich möglichst selbstsicher. Sie ig-
noriert mich. »Wir messen mal« –, und schon hat sie
meinen Jungen in der Mangel – »setz dich mal hier
hin« –, nestelt an seinem Schuh herum, zieht ihn aus,
den Socken gleich mit – jetzt kann ich endlich ein-
schreiten: »Lassen Sie, das mache ich.« Mein Sohn sieht
mich verzweifelt an. Er möchte nämlich nicht von einer
ihm unbekannten Frau Mitte fünfzig an den nackten
Füßen angefasst werden (ich übrigens auch nicht, wes-
halb ich vermute, der Junge hat das von mir).

Das Messen der Kinderfüße ist abgeschlossen. »32«,
verkündet die Dame. »Eben«, antworte ich, doch meine
Ironie zieht sie sich nicht an. Sie schleppt drei verschie-
dene Paar Schuhe heran (»nur die kommen in Frage«,
obwohl der Laden zum Bersten gefüllt zu sein scheint
mit anderen passablen Kinderschuhen) und zieht sie
nacheinander meinem Sohn an die Füße. Mir traut sie
das offensichtlich nicht zu. Als ich ihm zwischendurch
heimlich doch einmal ein Paar anziehe, blickt sie skep-
tisch. »Passen die?« Sie drückt ihren kräftigen Schuh-
fachverkäuferinnen-Daumen mit aller Wucht auf die
Stelle, wo ich den großen Zeh meines Sohnes vermute
(eine geradezu klassische Handbewegung der Kultur-
geschichte, der leider immer noch keine eigenständige
Publikation gewidmet ist). Der wehleidige Aufschrei
des Jungen zeigt auch ihr, dass der Zeh dort liegt. »Na
ja.« Wir nehmen die Schuhe.

Einige Tage später kehre ich als verdeckter Ermitt-
ler in das Schuhgeschäft zurück. Meine Vermutung be-

stätigt sich: Die Verkäuferinnen behandeln Väter und Mütter unterschiedlich, wenn sie mit ihren Kindern kommen. Den Müttern reichen sie die Schuhe für ihre Kinder an (oft genug trauen sie ihnen sogar zu, die Schuhgröße ihrer Kinder zu kennen), bei den Vätern schreiten sie fast kommentarlos selbst zur Tat, ziehen den Kindern die Schuhe aus, an und wieder aus – inklusive zwischenzeitlichem Auf-den-großen-Zeh-Drücken. Das dümmere Geschlecht wird also auch hier entsprechend seinen Bedürfnissen bevorzugt behandelt.

Nur einmal gelang es mir übrigens, die starren Fronten aufzubrechen: Ich lenkte das Gespräch mit einer Schuhverkäuferin vorsichtig auf das Thema Kindererziehung im Allgemeinen – zugegeben ein in der Regel etwas seifiges Terrain, aber die Dame bewies auch hier Stehvermögen. Als es nämlich um die Mütter von heute ging: Die hätten – also mal so unter uns gesagt – ihre Kinder meistens gar nicht (mehr) im Griff. Disziplin und Ordnungssinn (warum ist mir bis zu diesem Moment entgangen, dass ein Schuhladen mit seinen sauberen, akkurat in Reihen stehenden und immer etwas traurig dreinschauenden Schuhen wie kein anderes Geschäft für diese Sekundärtugenden steht?) würden die Frauen von heute halt nicht mehr an ihre Kinder vermitteln. Die meisten von ihnen erzögen ihre Kinder halt gar nicht mehr richtig. Ich nutzte die Vorlage: Ob sie denn nicht fände (so ganz unter uns), dass wir Männer manchmal die besseren Mütter seien? »O ja!«

Aber noch einmal zurück zum Drogerie-Fachmarkt:

Wegen unserer Zwillinge war ich angesichts ihrer anfangs unterschiedlich raschen körperlichen Entwicklung gezwungen, zeitweilig zwei Pakete Windeln zu erwerben, und zwar in unterschiedlichen Größen: maxi und maxi-plus. Kaum war ich mit beiden Paketen an der Kasse angekommen, kam wie erwartet die liebevolle Intervention der Kassiererin: Das seien aber zwei unterschiedliche Größen. Nun schreien Windelpackungen durch ihr Design den Käufer geradezu an: quietschrot die Maxi-Version, Frühlings-Lila die Maxi-plus-Variante – abgesehen davon, dass für den alphabetisierten Teil der männlichen Käuferschaft zusätzlich noch die Produktnamen sowie die Größen in gut sichtbaren Lettern draufstehen und sogar das Gewicht der zu Wickelnden aufgedruckt ist (zudem die unterschiedlichsten Tiere wie Bärchen, Giraffen, Enten und ähnliches Gefleuch, das Designerinnen und Marketingexpertinnen vermutlich für besonders niedlich erachten). Ich tue mal nicht eingeschnappt und erwidere der Verkäuferin freundlich, ich wisse sehr wohl, dass das zwei unterschiedliche Größen seien – ich hätte halt zwei Säuglinge zu Hause. Ob sie mich versteht?

Den ultimativen Hinweis zu diesem Thema verdanke ich übrigens meinem ältesten, damals erst sechsjährigen Sohn (!). Auf den Seitenrändern der Deckel von Babybrei-Gläschen finden sich Pfeile, um die richtige Richtung für das Öffnen zu markieren. Ich wollte es nicht glauben, durchforstete die Küche nach vergleichbaren Verpackungen – doch weder Honiggläser noch die Behältnisse für Preiselbeeren, saure Gurken, Erdnussbutter oder Perlzwiebeln wiesen diese Hilfestellungen auf. »Papa, warum ist nur auf diesen Gläsern draufgemalt, in welche Richtung man die aufschraubt?« Doch wohl nicht, weil sie zumeist von Müttern gekauft werden?

DAS SCHWEIGEN DER SÖHNE

Mütter reden viel. Das ist selbstverständlich erst einmal eine gute Sache; ein altes Sprichwort sagt schließlich, dass, wer miteinander spricht, nicht aufeinander schießt. Aber darum geht es hier ja nicht. Es geht vielmehr um die Frage, warum Mütter augenscheinlich ständig mit den Kindern reden, genauer: auf sie einreden. Ein Kind ist den fortwährenden (oder immerwährenden) Kommunikationsversuchen der Mutter ausgesetzt. Betrachten wir einmal einen normalen Fünfjährigen (wobei wir allerdings keine Debatte um den Begriff des Normalen eröffnen wollen) in seiner kommunikativen Beziehung zu seiner Mutter. Da zieht sich das Einreden auf den Knaben im Laufe des Tages vom Anziehen (»Wie häufig soll ich dir noch sagen, dass wir jetzt endlich zum Kindergarten müssen«) über den nachmittäglichen Einkauf (»Jetzt komm doch mal endlich von diesem blöden Regal weg«) bis in die Abendstunden (»Ich sag' das jetzt zum letzten Mal«). Und auf das wiederholte mütterliche »Wie oft soll ich dir das noch sagen« glaubt man zuweilen nur ein hilflos-stummes »Am besten gar nicht mehr« vernehmen zu können.

Mit etwas gedanklicher Flexibilität lassen sich diese kommunikativen Zurechtweisungen mit den diplomatischen Interventionen gegen das Atomprogramm des Iran vergleichen: Je häufiger man sie unternimmt, desto weniger Eindruck scheint man damit auf die Betroffenen zu machen. Auf die sprachliche Auseinandersetzung bezogen heißt dies, dass die Kinder die Mutter immer weniger hören, weil immer weniger wahrnehmen (das erinnert mich an meinen alten Hals-Nasen-Ohren-Arzt, der mir bereits vor geraumer Zeit einmal eine »nichtorganische Schwerhörigkeit« attestierte, die bei langjährigen Ehen zwischen den Partnern durchaus häufiger zu beobachten und deshalb zumindest in medizinischer Hinsicht völlig harmlos sei). Und bei Jungen scheint diese Reaktion auf das mütterliche Reden deutlich ausgeprägter zu sein als bei Mädchen. Diese plaudern ab einem gewissen Alter mit ihren Müttern (das leidenschaftliche Aneinandervorbeireden der Pubertät ist zu diesem Zeitpunkt noch in weiter Ferne), sie reden also mit, werden geschlechtsspezifisch kommunikativ sozialisiert. Häufig sehe ich Mutter und Tochter fröhlich plaudernd durch die Straßen ziehen. Dass dabei in vielen Fällen die Gespräche mit den Kindern eigentlich Selbstgespräche sind, auf die es keine sinnhaften Antworten gibt (»Also an manchen Morgen komme ich gar nicht heraus«), ist sowohl für den Prozess der Interaktion wie für das Ergebnis absolut zweitrangig. Auch kleine Mädchen sind mit belanglosen Bemerkungen überraschend schnell bei der Hand. Gelernt ist gelernt.

Während also die kleinen Mädchen schnell lernen, fallen die Jungs hinsichtlich ihrer Gesprächsbereitschaft den Müttern rasch unangenehm auf. Hier erhebt oft genug schon die Angst vor dem zukünftigen Bildungsversagen ihr grässliches Haupt – schließlich sind doch die Jungen die Problemkinder an unseren Schulen. Sind also Jungen wirklich maulfauler? Schweigen sie, wo Mutter, Familie und Gesellschaft eigentlich drängend Antworten erwarten? Wer sich umschaut, muss genau diesen Eindruck gewinnen. Hören wir doch einmal hin: Den Klassiker dieser Beobachtung bildet das mütterliche Kopfschütteln über die angeblich so schweigsamen Söhne, wenn es um die Erlebnisse des Vormittags geht. Beispiel Kindergarten: »Meiner erzählt ja nie etwas aus dem Kindergarten. Typisch Junge!« – »Ist bei meinem genauso!« Der Knabe bekommt einfach die Zähne nicht auseinander; und dies – so die Analyse –, weil er halt ein Junge ist.

So weit die Analyse. Aber schauen wir uns der Gerechtigkeit halber auch mögliche andere Gründe an: Wer will zum Beispiel jeden Tag ausgefragt werden, was er getan und erlebt hat, sobald er in den Kreis der Familie zurückkehrt? Und dann auch noch die Qualität der Fragen: »Wie war's denn?« Oder: »Was habt ihr denn so gemacht?« Und auf jeden Fall: »War's schön?« Auch die Rückkehr von einem eigentlich harmonisch verlaufenen Kindergeburtstag kann da zur Qual werden; die Rückfahrt im Auto endet gerne mal in der mütterlichen Anklage: »Du erzählst aber auch nie was.« Aber wer will auf solche Fragen schon antworten? Und überhaupt: Was gibt es denn von einem stinknormalen Kindergartentag zu erzählen? Dass man mit dem und dem im Sandkasten gebuddelt hat? Dass die Erzieherinnen mit ihnen gemeinsam »Backe, backe Kuchen« gesungen haben? Lohnen solche Ereignisse wirklich das Sprechen? Verlangen die wirklich wichtigen Dinge des Lebens angesichts solcher Nichtigkeiten nicht geradezu gebieterisch das Schweigen? Sind uns schweigende Jungen im Umgang mit der kostbaren Ressource Sprache vielleicht in dieser Hinsicht nur ein Stück voraus? Und abgesehen davon: Wenn wirklich was Wichtiges passiert wäre, hätte der Kindergarten mit Sicherheit zuhause angerufen.

Die Betrachtung dieser mütterlichen Konstruktion vom schweigenden Geschlecht machte mir zugleich deutlich (und dafür bin ich dankbar), wie sehr ich doch ein Mann bin: Mit meinen Söhnen kann ich tatsächlich schweigen. Es kommt vor, dass wir nachmittags über mehrere Stunden hinweg im Garten hocken und dabei nur das absolut Nötigste sprechen (»Papa, kannst du mir mal den Knoten aufmachen?«, »Geht ihr bitte mit der großen Gartenschere von den Tulpen weg?«, »Ich geh' nur schnell aufs Klo«). Das war's dann aber auch. Wenn meine Frau nach einem schweren Arbeitstag nach Hause kommt und uns besorgt fragt, was so passiert sei, antworte ich wahrheitsgetreu: »Nichts.« Aber irgendwie beschleicht mich doch das Gefühl, sie ist mit dieser Antwort nicht zufrieden. Sie hätte wohl gerne mehr mit mir über den Tag gesprochen.

Das Reden der Mütter dürfte übrigens langfristig Folgen zeitigen: Haben diese Frauen nicht zumeist solche Männer zuhause, die sie beim Reden über ihre Söhne selbst beschreiben? Nämlich solche, die nicht reden? Die den Mund nicht aufkriegen, wenn es aus Frauen-Sicht doch angeraten wäre? (»Findest du nicht, dass du dazu jetzt aber wirklich etwas sagen solltest?«) Früher dachte ich, das sei so – die Männer hätten halt von Natur aus ein Problem mit dem Sprechen. Aber nach meinen Jahren unter Müttern scheint mir eine andere Hypothese zumindest bedenkenswert: Kann es vielleicht sein, dass da die ehemaligen Jungs schweigen, auf die ihre Mütter einst so vehement eingeredet haben? Es könnte die späte – ungewollte, aber höchst wirkungsvolle – Rache der Jungs sein, denen die Mütter mit allem und jedem in den Ohren lagen. Aus schweigenden Söhnen wurden halt ebensolche Männer: Das Imperium schweigt zurück.

ARME RITTER

Da wir gerade über Mütter und Söhne sprechen, nutzen wir die Gelegenheit, an diesem Punkt ausnahmsweise einmal etwas grundsätzlicher zu werden. Erst dachte ich, wir sollten mit Harry und Sally und also mit der Gewissheit beginnen, wonach Männer und Frauen keine Freunde sein können. Doch das ist mir zu zwischenmenschlich. Vielmehr geht es nach meinen Erfahrungen unter Müttern doch vielmehr um die Frage, was das offensichtliche Ungleichgewicht der Geschlechterverteilung bei der Erziehung von Söhnen für diese bedeutet. Also: Welche Folgen hat es, dass Mütter die Söhne erziehen? Dass also die Mütter die Männer von morgen machen? Ich gebe zu, dass ich an diesem Punkt gedanklich stets ein wenig großzügig war und das heikle Thema soziale Konstruktion von Geschlecht häufig ein wenig auf die leichte Schulter genommen habe. Typisch Mann eben. Aber die Geschichte von den Rittern hat dazu geführt, dass auch ich mich an diesem Punkt weiterentwickelt habe. Und das kam so:

Wie bei allen Jungs hielten zu einem gewissen Zeitpunkt auch bei meinen Söhnen die Ritter Einzug in Geschichten und Kinderzimmer. Zwar nicht in Form dieser grauenhaften Playmobil-Figuren, über die – da bin ich mir sicher – am Jüngsten Tag der liebe Gott und seine für ästhetische Entgleisungen der Menschheit zuständigen Engel dereinst ausgiebig Gericht halten werden. Nein, auch in den schönsten Geschichten für die Kleinen tauchten zunehmend die behelmten Freunde auf. Vieles an ihnen ist von grundsätzlichem Interesse, etwa, warum die Ritter immer kämpfen mussten, wie schwer eigentlich die Rüstungen waren und dass an den Burgen die Klos immer hoch oben an den Außenmauern angebracht waren, so dass die Na-Sie-wissen-schon klatschend in den Burggraben fiel. So weit, so gut – und sicher auch von sozialgeschichtlichem Belang. Auch ich malte fleißig Burgen und Ritter (die allerdings immer zu Fuß gehen mussten, weil Papa nun mal keine Pferde malen kann) und erfreute mich ansonsten am Interesse des Nachwuchses an diesen wenigen Perlen, die die deutsche Vergangenheit zu bieten hat.

Schwierig wurde es für mich allerdings, als die Ritter zunehmend zu Trägern männlicher Tugenden mutierten. Mut und Tapferkeit bogen jetzt ebenfalls um die Ecke, um sich im Kinderzimmer ihren gemütlichen Platz einzurichten. Und – Sie ahnen es – schon bald streifte der historische Träger dieser Tugenden durchs Haus, der Held. Zu Helden herkömmlicher Prägung habe ich – das ist selbstverständlich mein persönliches Problem – ein eigentümlich gestörtes Verhältnis. Vielleicht liegt es daran, dass ich selbst keinen kenne, vielleicht aber auch nur daran, dass meines Erachtens auf den Soldatenfriedhöfen dieser Welt bereits genug Helden liegen. Mein Bedarf an der Bereitstellung weiteren Nachschubs ist jedenfalls gedeckt; mir scheint die Evolution oder welcher Weltenplan auch immer für junge Männer sinnvollere Schicksale bereitzuhalten.

Aber ich will dem Helden an sich nichts Böses. Da gibt es ja die vielen Helden des Alltags, die kleine Kätzchen aus Bäumen retten und dafür ins Lokalfernsehen kommen, und solche Sachen. Worauf es mir nach meinen Erfahrungen unter Müttern ankommt, ist die erzählerische Konstruktion des Helden durch Frauen. In der Ansprache an die Jungen schaffen Frauen einen Helden-Typus, der eindeutig eine Projektion gelebten beziehungsweise ungelebten Lebens darstellt: Der Held – sagen wir es genauer: der Mann, so wie diese Frauen ihn sich wünschen – ist mutig, tapfer, stark und hilfsbereit. Er scheut sich nicht vor Konflikten, hält auch mal was aus (wie es so schön heißt) und hat selbstverständlich keine Angst. Es gibt einige moderne, politisch korrekte Ergänzungen dieser Konstruktion, wonach der moderne Mann auch mal zuhören kann, durchaus Emotionen zeigen darf und ansonsten ein Leben lang selbstreflexiv an seiner sozialen und emotionalen Kompetenz arbeitet. Aber das sind schmückende Attribute, ansonsten haben wir es aus weiblicher Perspektive noch immer mit einem erstaunlich stabilen, traditionellen Bild vom Wunsch-Mann zu tun. Alles Helden, oder was?

Nun gibt es allerdings auch Menschen, pardon: Männer, die gar keine Lust auf Held haben, sie wollen auch nur so lange Ritter sein, wie die Rüstung nicht zu schwer, die Reise ins Heilige Land nicht zu strapaziös und der Feind nicht wirklich bösartig ist. Es sind Menschen, die wollen ihre Zeit auf Erden möglichst lange genießen, der Welt dabei ein gewinnbringendes Mitglied sein, vielleicht auch ein bisschen Glück erleben – aber auf keinen Fall wollen sie von einem ungewaschenen, stinkenden Mit-Ritter bei einem mittelmäßigen Turnier um eine, bei Lichte betrachtet, gar nicht so hübsche Jungfrau mit einer empfindlich spitzen Lanze schmerzhaft aus dem Sattel gestoßen werden. Mehr noch: Sie haben regelrecht Angst davor, dass sie jemand auf diese oder eine andere Weise durchbohren könnte. Deshalb bleiben sie lieber zuhause und wollen weder Held noch Ritter sein. Es stellt sich die Frage: Wie gehen wir als verantwortungsbewusste Eltern mit einer solchen Verweigerungshaltung pädagogisch angemessen um?

Einer meiner Söhne verwickelte mich einmal in ein lebhaftes Gespräch über Angst. Wann man sie erlebe und wie ein Mann (ein Mann!) auf sie angemessen reagieren solle. Zunächst griff ich zu denkbar abstrakten Antworten, in der Hoffnung, damit den Wissensdurst zu stillen: »Mein Junge, Vorsicht ist bekanntlich der bessere Teil der Tapferkeit, deshalb wollen wir Angst durchaus in ihrer angemessenen Warnfunktion ernst nehmen.« Das reichte nicht aus. »Was soll ich denn machen, wenn wieder der doofe Junge vom Spielplatz auftaucht?« (Jeder Spielplatz kennt diese Jungs, die permanent die anderen ärgern oder ihnen die Spielgeräte verwehren – aber dazu später ausführlicher.) Was also tun in der Auseinandersetzung mit diesem Jungen? Nach dem Durchspielen verschiedener Möglichkeiten (mit ihm reden – »Das haben wir doch immer schon versucht« –, seine Mutter fragen – »Die ist genauso doof und hilft dann auch nicht« –, ihm eine runterhauen – »Du hast doch gesagt, Gewalt ist keine Lösung«) einigten wir uns darauf, dass man am besten weggeht und den Doofen einfach stehen lässt. »Aber bin ich dann nicht ein Angsthase?« Nein, selbstverständlich nicht.

Selbstverständlich nicht? Da habe ich geflunkert. Zählen Sie spaßeshalber einmal, wie oft Sie von Eltern hören, ihre Kinder sollten gefälligst keine Angsthasen sein. »Du gehst nicht mit den anderen Kindern alleine auf den Spielplatz? Du hast doch wohl keine Angst?« Oder im Schwimmbad: »Komm, jetzt spring, oder hast du Angst?« Vor nichts scheinen wir mehr Angst zu haben als vor der möglichen Angst unserer Kinder. Wie peinlich ist das, wenn der eigene Sohn sich etwas nicht traut – und das auch noch in der Öffentlichkeit. Und damit sind wir wieder bei unserem eigentlichen Thema angekommen: Wir haben Angst vor der möglichen Angst unserer Söhne. Angst haben? Feige sein? Wenn überhaupt, dann ist das etwas für Mädchen (das lernen übrigens auch die Jungs durch teilnehmende Beobachtung leider sehr früh). Da haben es die Mädchen besser als die Jungs; sie dürfen etwas, das die Jungs nicht dürfen. Die sollen stattdessen tapfer warten, bis dieser stinkende Unsymph sie mit der Lanze brutal aus dem Sattel hebt. Arme Ritter!

GATTENFÜTTERUNG

Eine tägliche Szene in Deutschland: Zartgliedrige Finger (der Ehering glänzt kurz in der Sonne) schlüpfen behände in das Frischhaltebeutelchen, in dem bislang geduldig die Weintrauben warteten – vor der Abfahrt selbstverständlich gewissenhaft gewaschen. (Es sind selbstverständlich Bio-Trauben, von den anderen bekommt man das Gift ja gar nicht mehr ab; es geht ja auch um die Verantwortung für die Gesundheit der Familie.) »Hier«, sagt sie – die Frau mit den zartgliedrigen Fingern – ebenso knapp wie liebevoll. Man spricht miteinander. Auch bei der Gattenfütterung. »Hier.«

Sie sorgt für ihn. Bei Tempo 130. Die Autobahn ist voll; es ist so wie immer, hier ein wenig stockend, da mal ein Stau, das Leben halt. Ansonsten hat alles seine Ordnung, jedenfalls im Familienauto. Der Junge immer hinten rechts, das Mädchen (zwei Jahre jünger, der typische Mittelklassewohlstand-Altersabstand in den Stadtrandgebieten) hinten links. Papa fährt. Das war schon immer so. »Mein Mann ist ja so ein zuverlässiger Fahrer«, sagt sie in größerer Runde, was der Gemahl mit einem gutmütigen, leichten Nicken zu bestätigen weiß. »Ihr wisst ja, die langen Strecken«, könnte er noch hinzufügen, meistens ist dies aber gar nicht nötig, weil es bei fast allen Freunden und Bekannten doch genauso ist. Man spielt mütterliche Ehrfurcht vor dem großen Wagenlenker der Familie (man mag an die vielen anderen großen Wagenlenker der Geschichte denken, stolze Krieger, Alexander der Große und solche Leute) – und alle wissen nur zu gut, dass der die Sache nur so lange im Griff hat, wie er beizeiten ordentlich gefüttert wird. Denn welche kluge Mutter will sich und die Kinder schon von einem leicht unterzuckerten Jähzorn mit überhöhter Geschwindigkeit über die Überholspur der A 7 katapultieren lassen?

»Noch ein Schinkenbrot?« Die familiäre Autogemeinschaft hat sich solidarisch hinter den Fahrer geschart; sie teilen seine Flüche über die anderen (»Fahr, du Bauer!«), bangen mit ihm, wenn es einmal knapp werden sollte (»Festhalten!«). Sie weiß, was er braucht (»nimm noch einen Schluck«), ist aufmerksam bis an die Grenze der Bevormundung (»warte, ich habe hier noch eine Serviette«); und sollte sie die Grenze zu offensichtlich überschreiten, wird er sich schon unwirsch wehren (»Jetzt nicht!«). Gleichwohl: Die Gemahlin putzt ihn (vielleicht knurrt er dabei höchstens so leise, dass es auch ein gutmütiges Schnurren sein könnte) doch irgendwann ab. Zartgliedrige Finger umsorgen ihn – so wie zuvor die Weintrauben. Vor den möglicherweise nörgelnden Kindern nimmt sie ihn in Schutz – »Ihr seht doch, dass Papa fährt«. So entschwebt der Gatte in höhere Verantwortungssphären, und die Mutter bleibt sorgsam und wachsam zurück. Zurück bleiben übrigens immer auch ein paar von den Weintrauben, die kleinen mit den braunen Stellen. Die isst Mutti dann selbst. Damit sie nicht weggeworfen werden.

Übrigens: Wenn ich auf der Autobahn in einen Stau gerate, versuche ich – Jungs, aufgepasst! – möglichst schnell auf die rechte Spur zu gelangen. Wenn es so richtig langsam vorangeht, kann man mit einem Seitenblick nach links genau die Mütter sehen, die mit der Gattenfütterung beschäftigt sind. Ihre Blicke sind wach, konzentriert; sie sind im Einsatz. Aber in manchen Momenten, wenn sie für einen kurzen Moment erschöpft in die Weite der Landschaft schauen, kann man den durch den Augenblick des Lebens huschenden Zweifel sehen, der sich in ihren Augen spiegelt. Gibt es ein richtiges Leben im falschen?

LORELEY UND IHRE SCHWESTERN

Wenn Frauen singen, kann das eine schöne Sache sein. Muss es aber nicht. Beiläufig sei nur an die Loreley erinnert, die ja bekanntlich nicht nur ziemlich verlockend ausgesehen, sondern auch eine besondere Stimme gehabt haben soll schließlich trieb sie damit arme Rheinschiffer ins Verderben. Entgegen der landläufigen Überlieferung vermute ich allerdings, dass die wackeren Männer nicht von der Lieblichkeit ihrer Stimme betört wurden und deshalb vom rechten Kurs abwichen, sondern dass sie vielmehr von dem viel zu hohen Gesang akustisch regelrecht aus der Kurve getragen wurden. Die Loreley dürfen wir uns mithin eher als eine Kollegin der Homer'schen Sirenen vorstellen. Auch wenn ich mit dieser Interpretation meines Wissens noch ziemlich allein stehe – ich bin sicher, dass Loreleys Schwestern leben. Und sie singen. Und zwar mit unseren Kindern. Und das viel zu hoch! »Warum müssen wir denn immer so hoch singen?«, fragte ich bei meinem ersten Kindergartenfest eine auf ihre Art bezaubernde Kindergärtnerin. »Die Kinder, vor allem die Jungs, müssen so hoch singen«, erklärte sie mir sanftmütig, »die brummen sonst später.« Ich war überrascht – und spontan überzeugt: Ich wollte ja auch nicht, dass meine Söhne später brummen. Wie hört sich das denn auch an – und wer weiß, inwieweit eine solche Untugend später auf dem internationalisierten Arbeitsmarkt nicht einen Standortnachteil darstellt?

Also hieß es in den Folgejahren, dem möglichen Brummen den Kampf angesagt und die Stimme empor! Eine gute Grundlage dafür bot mir jenes wunderschöne Liederbuch, das mir Kollegen zur Geburt unseren Ältesten schenkten, mit entzückenden Zeichnungen (wirklich!), einer gelungenen Liedauswahl – aber leider die allermeisten in F-Dur. Das ist gerade für Zeitgenossen mit oberflächlichen Gitarrenkenntnissen so ziemlich die fieseste Tonart, die es zu spielen gibt, weil man sich sowohl beim F wie beim B fast die Finger bricht, um einen halbwegs sauberen Akkord hinzubekommen. Und außerdem waren die Lieder in dieser Tonart fast alle zu hoch gesetzt – es war halt, so musste ich einsehen, ein Liederbuch von Müttern für Mütter. Ich war als Mann schlicht der falsche Adressat (vielleicht findet sich ja mal ein Verlag, der Liederbücher für Kinder und Väter herausgibt). An sich sehr feine Melodien wie »Es tönen die Lieder, der Frühling kehrt wieder« können – so musste ich jetzt erkennen – zu einer empfindlichen Waffe im Hochfrequenz-Bereich werden, wenn sie zu hoch angestimmt werden und sich dann die beteiligten Sängerinnen beim finalen »la lala lala lala la la« in schwindelerregende Höhen schrauben. Himmel, hilf!

Die dramatische Zuspitzung allgemeinen Singbemühens für Kinder stellt fraglos die Weihnachtszeit dar – dies ist neben vielen anderen außergewöhnlichen Momenten die Zeit der kollektiven musikalischen Entgleisungen: Wer »Stille Nacht, heilige Nacht« von Beginn an zu hoch anstimmt, fängt schon bei »alles schläft« an zu quietschen – von Schlaf dürfte da auch bei einem neugeborenen und von Natur aus nachsichtigen Heiland kaum die Rede sein. Ohnehin sind bei den zu hoch gesungenen Weihnachtsliedern leider allzu oft die textlich eigentlich schönsten Stellen betroffen: »Es kommt ein Schiff geladen« singt sich zu Beginn ja noch recht harmonisch, beim nicht unwichtigen Zusatz »trägt Gottes Sohn voll Gna-a-a-a-den« werden die meisten Sangesschwestern (von den -brüdern ganz zu schweigen) allerdings unter akustischen Fehlversuchen schließlich abgehängt. Schade für Schiff und Gottes Sohn.

Wie das adventliche Singen heute – gottlob – noch im Kindergarten stattfindet (daheim plärren oft genug Kassetten und CDs), so ist auch der herbstliche Laternenumzug ein gern gepflegtes Ritual in deutschen Kindergärten. Zu Recht: Wie schön das doch klingt, wenn alles singt, rabimmel rabammel rabum. Weil aber auch hier schwindelerregend hoch gesungen wird, trat ich nach meinem ersten Laternenumzug des Kindergartens im wahrsten Sinne des Wortes die Flucht nach vorne an: Ich meldete mich freiwillig dazu, dem eigentümlich trällernden Zug mit dem Akkordeon vorweg (!) zu schreiten. Schon im nächsten Jahr hatte ich den besten aller Plätze: Hier konnte ich ungestört Akkordeon spielen, brauchte nicht dazu singen (»Ihr wisst ja, Männer können nicht zwei Dinge gleichzeitig, ha ha«) und war denkbar weit weg von den beiden beherzt singenden Erzieherinnen, die die Kinder-Eltern-Meute von hinten musikalisch zusammenhielten. Vor mir meine Akkordeonmusik, hinter mir das mehr oder weniger ambitionierte Gebrummel der Eltern und ein paar suchende Kinderstimmen, während die engelsgleichen Stimmen der Erzieherinnen nur noch leise zu mir herüberwehten. (Ich kenne übrigens einen Vater, den das hohe Singen bei Martinsumzügen dazu brachte, sich jedes Jahr freiwillig als heiliger Martin zu melden, um dem Treiben auf einem Pferd vorneweg zu ziehen – »In der Rolle darf ich nämlich gar nicht singen«).

Ich weiß nicht, ob der Papst dieses Buch liest (wahrscheinlich hat er doch zu viel zu tun, wiewohl ihm ein bisschen Einblick in die Welt der Mütter ja auch nicht schaden könnte …) – aber an dieser Stelle darf ich getrost einmal seine Kirche loben. Denn dort kann ich stimmlich mithalten, weil während des Gottesdienstes die Lieder durchaus singbar sind. Na ja, vorne steht immer ein Mann (der Priester nämlich), und der ist zumindest in stimmlicher Hinsicht auch nur ein normaler Mann. Und man kann von katholischen Priestern halten, was man will – aber der Gerechtigkeit halber muss ich sagen, dass mir bislang kein Fall bekannt ist, wonach einer von ihnen am Rheinufer sein langes Haar kämmte und singend die armen Schiffer in ihr Verderben lockte. Allerdings – so viel Kritik muss sein (selbst wenn der Papst jetzt doch mitlesen sollte) – ein wenig brummen tun einige Priester schon. Ob da frühkindlich etwas versäumt wurde? Vielleicht überdenke ich meine Skepsis gegenüber den hohen Tönen noch einmal …

WAS TUN BEI EINER REINHARD-MEY-ALLERGIE?

Aber das Thema Gesang und seine Auswirkung auf Kinder in den ersten Lebensjahren ist viel zu wichtig, um es mit einigen spöttischen Bemerkungen über die Loreley und das zu hohe C abzutun. Tatsächlich ist nämlich für die frühkindliche Entwicklung und die elterlichen Ohren neben der Stimmlage mindestens so entscheidend, welche Lieder angestimmt werden. Ich selbst habe da zugegebenermaßen ein ganz persönliches Schreckerlebnis, das mich in den vergangenen Jahren in meiner musikalischen Wahrnehmung der Welt geprägt hat – und dies leider nicht zum Positiven. Ich hatte nämlich einmal einen ziemlich scheußlichen Traum, in dem der berühmte und beliebte Rolf Zukowski und seine Freunde eine nicht unerhebliche Rolle spielten: In diesem Traum fand ich mich mit vielen anderen Kindern und Müttern in einem erschreckend dunklen Veranstaltungsraum wieder, in dem alle tanzten und erkennbar ausgelassen waren, nur bei mir wollte keine rechte Feierlaune aufkommen. Das dürfte wohl auch daran gelegen haben, dass ich der Einzige im Saal war, der auf einem Stuhl gefesselt war und obendrein einen Knebel im Mund hatte.

Als alle ausgiebig mit dem Finger auf mich gezeigt hatten, begannen Rolf und seine Kumpels mit dem organisierten Lustigsein, und bald schon tobte der ganze Saal. »Das Wetter, das Wetter spielt wieder mal verrückt«, grölten alle zusammen. Nur ich fühlte mich irgendwie außen vor – die einfach gestrickte Musikware war Gift für mein Kleinhirn. Zum Glück war der Spuk bald vorbei, allerdings nicht ohne vorher seinen dramatischen Höhepunkt erreicht zu haben: Einige fröhliche Mütter wollten mir »Ein Herz für Kinder« auf die Stirn tätowieren. Ich wachte schweißgebadet auf – gerade noch rechtzeitig.

Nach diesem Albtraum brauchte ich verständlicherweise einige Zeit, um musikalisch wieder auf die Beine zu kommen. Manchmal rauschen mir unvermittelt »Schnappi«-Zeilen durch den Kopf (vorzugsweise »Ich beiß dem Papi kurz ins Bein, und dann, dann schlaf ich einfach ein«). Doch ansonsten fahre ich hinsichtlich meiner weiteren musikalischen Genesung mit bewusster Reizreduzierung ganz gut, trinke viel Kräutertee und überlege in leichtsinnigen Momenten sogar, ob Yoga meinem Leben guttun könnte. Meine Entspannung machte mich zugleich für eine Frage bereit, die mich seither umtreibt. Sie resultiert aus einem abendlichen Gesangsversuch mit meinen Söhnen, zu dem ich – wie ich dies von Zeit zu Zeit mache – zur Gitarre griff. »Wind Nord-Ost, Startbahn null drei«, begann ich fröhlich in Gedanken an alte Zeiten, doch zu meinem Schrecken brach mein Jüngster umgehend in Tränen aus. Erschrocken brach ich den Ausflug über die Wolken ab. Ich fühlte mich schuldig; rasch versuchte ich es mit einem Liedwechsel hin zu einem niedlichen Tier (»Es gibt Tage, da wünscht ich, ich wär mein Hund«) – wieder Geheul. Auch andere Vielbeiner (»Alles, was ich ha-ha-be, ist meine Küchenscha-ha-be …«) provozierten wieder nur Tränen. Von Schlachten an Buffets oder vermeintlich mordenden Gärtnern ließ ich selbstredend die Finger. Doch die unterschiedlichen Sensibilisierungsversuche hatten es an den Tag gebracht: Mein Jüngster litt eindeutig an einer Reinhard-Mey-Allergie. Menschenjunges, dachte ich, jetzt ist guter Rat teuer.

In den kommenden Wochen suchte ich nach Antworten in der Literatur, musste allerdings einsehen, dass die einschlägigen Elternratgeber an diesem Punkt aufreizend schwiegen. Auch Internetforen halfen nicht weiter, sicherlich ist anderen Eltern eine solche kindliche Überreaktion eher unangenehm. Immerhin erbrachten meine Recherchen zum Thema erhebliche Einsichten über das Singen im Allgemeinen und das Singen der Deutschen im Besonderen. Denn bei der Betrachtung der historischen Abhandlungen muss man bald den Eindruck gewinnen, dass es für die Deutschen im Laufe ihrer Geschichte im Wesentlichen drei Gründe gab, Lieder anzustimmen: Sie taten es erstens, wenn sie als Soldaten andere Länder überfielen (»Deutschland, Deutschland über alles« und so weiter). Zweitens – und dieser Grund ist im Gegensatz zum ersten Anlass noch immer aktuell – wenn sie betrunken sind. Dann tun es übrigens Männer wie Frauen unterschiedslos enthemmt. Und drittens – womit wir wieder bei den lieben Kleinen sind –, singen die Deutschen immer dann, wenn Kinder weinen. Als ob der Umstand (dass ein Kind weint) nicht schon schlimm genug wäre. Warum um alles in der Welt wird in dieser Situation gesungen? Ich kenne selbstverständlich die landläufige Erklärung: Weil sich das Kind dann beruhigt. Aber bedenken wir in unserer musikalischen Hinwendung zu dem armen Wurm in diesem Augenblick auch, welche Langzeitschäden wir durch diese Trostform provozieren?

Betrachten wir den tröstenden Gesang aus der Perspektive des Kindes: Dieses ist ja darauf aus, im Handeln der Erwachsenen Struktur, Logik und Konsequenz zu ergründen (jetzt bitte nicht spotten, Kinder sind eben Illusionisten). Wenn sie etwas tun oder wenn etwas geschieht, so gehen sie davon aus, dass die Folgen zumeist logisch und wiederholbar sind. Und so lernen sie auch – von den singenden Eltern vermutlich völlig unbeabsichtigt –, dass es einen inneren Zusammenhang zwischen Schmerz und elterlichem Gesang gibt. Beide Phänomene gehören untrennbar zusammen: Wenn ich mir wehtue, singt die Mutter. Also auch umgekehrt: Wo dieser Gesang ist, ist Schmerz. (Um auf die beiden oben genannten Phänomene noch einmal kurz einzugehen: Auch bei diesen bedingen sich Gesang und Anlass in der Erwartung schließlich gegenseitig – wenn wir abends auf den Straßen massenhaften Gesang hören, vermuten wir, dass Alkohol im Spiel ist. Und wenn dies in Grenznähe passiert, mögen unsere Nachbarn die Angst haben, dass die Sänger einmarschieren wollen.)

Zurück zum Nachwuchs. Wenn frühkindliche Schmerz- und Gesangserfahrung zusammenkommen, kann das nach meiner Einschätzung langfristig nicht ohne Folgen bleiben. Aber wie gesagt: Die Literatur schweigt sich zu diesem Thema aus. Übrigens auch bei dem so wichtigen Zusammenhang zwischen elterlichem Singen und elterlicher Einschlafaufforderung. Vielleicht bin ich ja zu sensibel, aber oft genug habe ich ein schlechtes Gewissen, wenn ich meinen Kindern beim Einschlafen wie gewohnt »Der Mond ist aufgegangen« vorsinge. Jedenfalls im Sommer, wenn es – und daran ist ausnahmsweise einmal nicht die Sommerzeit schuld – beim sommerlichen Ins-Bett-Gehen noch sonnig-hell ist. Wo bitte steht da ein Wald schwarz und schweigend? Dürfen wir Eltern so unverblümt unehrlich sein? Heißt es nicht immer, Selbsterziehung geht der gelungenen Erziehung voran? Verspielen wir so nicht früh singend unsere Glaubwürdigkeit? Der Zweifel bleibt.

Eine letzte Spielart des Singens in der frühkindlichen Pädagogik habe ich vergessen. Diese erinnert mich ein wenig an den lauschenden Hund vor dem Grammophon (falls den noch jemand kennt) und die Formulierung »His Master's Voice«. Es gibt nämlich Handlungsanweisungen für Kinder, die gesungen werden, damit sie freundlicher klingen. Wenn die Kindergärtnerinnen nach der Gartenzeit fröhlich trällern: »Alle Kinder groß und klein – kommen rein, kommen rein«, so ist das einerseits schön anzuhören und andererseits ob des verblüffenden Erfolges auch schön anzusehen. Und rasch ertappe ich mich bei dem Gedanken, die eine oder andere Handlungsanweisung daheim auch in zärtlichen Gesang zu kleiden. Welche Weise könnte das Motiv »Jetzt zieh dich endlich an, die Schule fängt auch ohne dich an« oder die wiederkehrende Frage »Hast du dir die Zähne geputzt?« so fröhlich transportieren? Sie haben es erraten, keine (außer man ist Wagner-Fan, aber wer dessen Werke zu früh kleinen Kindern antut, darf sich hinterher ohnehin nicht beschweren, wenn sie in andere Länder einmarschieren). Also nehme ich von dieser Indienstnahme des Gesangs durch die Autorität Eltern Abstand. Musik soll etwas Schönes sein und nicht die Fortsetzung mehr oder weniger gelungener Erziehung mit anderen Mitteln.

Womit wir wieder bei Reinhard Mey wären. Die erwähnte Allergie überwand mein Sohn übrigens rein zufällig: Eines Abends ergriff ich vor dem Einschlafen wieder die Klampfe und sang meinen drei Jungs etwas vor. Reinhard Mey durfte es ja nicht sein, und da kam mir gerade recht, dass Udo Lindenberg just an jenem Tag 65 Jahre alt geworden war. Aus dessen reichhaltigem Repertoire an kindgerechten Weisen fiel mir nur die Geschichte des guten alten Riverboats und seiner wackeren Mannen ein: »Es ist alles im Lot auf dem Riverboat, und jetzt fahren wir los nach Cuxhaven« – die Jungs waren begeistert! »Die Sklaven im Keller, die rudern los, sie sind frisch und ausgeschlafen …« – erstes begeistertes Quietschen der Jüngsten war zu hören, der Sechsjährige forderte umgehend und vielfach: »Noch mal!«

Was soll ich sagen? Es wurde ein harmonischer Abend, mit den ausgeruhten Sklaven und dem gutmütigen, aber sturzbetrunkenen Kapitän Zäsar Zechmann und allem Drum und Dran. Als die Kleinen fast eingeschlafen waren, wagte ich es: »Wind Nord-Ost, Startbahn null drei …« Und alles war wieder gut. Danke, Udo. Danke, Reinhard. Bleibt nur zu hoffen, dass wir alle den nächsten runden Geburtstag von Rolf Zukowski unbeschadet verschlafen.

SOZIALES NETZWERK KINDERGARTEN

Wenn ich mich recht erinnere, las ich einmal in einem Reiseführer über Finnland den erhellenden Hinweis, dass die Finnen am liebsten betrunken in einer dunklen Sauna sitzen und über den Tod nachdenken. Es mag nicht überraschen, dass mich diese Vorstellung lange Zeit eher befremdet hat. Aber mit der Zeit beschlich mich die Frage, was wir Deutschen mit unserer Mentalität diesem kollektiven Verhalten der skandinavischen Brüder und Schwestern Adäquates entgegenzusetzen haben. Erst nach einigen Jahren Kindergarten-Erfahrung dämmerte mir, dass es hierzulande durchaus einen wunderhübschen Brauch gibt, der eine vergleichbare Wirkung zeigt: In den meisten Betreuungseinrichtungen gibt es nämlich wiederkehrend Elternabende, an denen das Thema »Elternbeteiligung« diskutiert wird, vorzugsweise in Kindergärten, die von einem Verein getragen werden. Solche Abende (stellen wir uns einen kalten, verregneten Novembertag vor) haben zuweilen finnische Qualitäten, wenn man einmal großzügig davon absieht, dass weder Finnisch gesprochen wird noch jemand betrunken ist (beides würde die Situation vermutlich tendenziell sogar entspannen). Was also macht die unverwechselbare Qualität solcher Veranstaltungen aus? Es ist das bewusste, das gewollte Leiden für den Kindergarten. Schauen wir genauer hin:

Grundvoraussetzung für einen solchen gelungenen finnischen Abend ist die Unzufriedenheit einzelner Eltern (»Wer schreibt übrigens freiwillig Protokoll?«). Gerne geht es dabei um die Nichtableistung von eigentlich fest zugeteilten Elterndiensten – jemand hat den Garten nicht ausreichend gepflegt, der Festausschuss wartet immer noch auf verbindliche Mitteilung, wer zur Weihnachtsfeier welchen Salat zubereitet, und die Elternkasse ist wieder einmal nicht anständig gefüllt (»Leute, denkt doch bitte daran, rechtzeitig euern Beitrag abzuliefern«). Richtig bunt wird es, wenn das letzte gemeinsame Fest nachbesprochen oder das kommende geplant wird. Früher war ich – aber da fehlt es mir als Mann an der notwendigen gedanklichen Komplexität – der Meinung, so ein Fest sei eine prima Sache und eigentlich ganz leicht auf die Beine zu stellen: Man macht halt mehr oder weniger ein Fass auf, lädt seine Kumpels ein, und jeder bringt noch was zu essen mit. Und Musik machen wir dann irgendwie selber – war doch immer lustig, oder?

Mein Vorschlag, auch eines der Kindergartenfeste einmal auf diese Art und Weise vergleichsweise unkonventionell vorzubereiten (»Kiste Bier, ordentliches Lagerfeuer und ein paar Würstchen«), stieß auf mütterliches Kopfschütteln. Für viele, viele andere ebenfalls starke Gegenargumente stand der Hinweis: »Wenn hier jeder macht, was er will, dann haben wir viermal den gleichen Kuchen, aber keinen Waffelteig.« Ich Schussel! Das hätte ich wirklich ahnen müssen! Viermal den gleichen Kuchen, um Gottes willen – wenn man nicht aufpasst, kann das Leben so verdammt gefährlich sein. Und ich dachte bislang: Weil bei solchen Festen so penibel darauf geachtet wird, dass es möglichst viele unterschiedliche Kuchen gibt, essen die lieben Kleinen geradezu reflexhaft von jedem dieser mütterlichen Prachtexemplare ein ordentliches Stück, was nicht nur zu äußerst heftigem Drängeln an der sorgsam organisierten Kuchenausgabe führt (»Wer macht dieses Jahr die Coupons?«), sondern auch dazu, dass der Nachwuchs sich spätestens in der Nacht erbrechen muss und noch den gesamten kommenden Tag Bauchschmerzen hat.

Aber Kindergartenfeste sind nun mal Höhepunkte vorschulischer Festkultur und als solche unbedingt ernst zu nehmen. Und zum festen Bestandteil eines solchen Festes gehört die Klage derjenigen, die zum Schluss noch da sind. Das Fest ist gefeiert, die Kinder schon würgend daheim, fast alles ist weggeräumt, da versichern sich die letzten Mütter noch schnell ihrer Exklusivität: »Ja, ja, am Ende sind es doch immer dieselben, die aufräumen.« (Ich habe mir schon überlegt, diesen Spruch auf ein T-Shirt drucken zu lassen, das wäre bestimmt ein Verkaufsschlager.) Dabei ist es völlig egal, wie viele helfende Eltern wirklich da sind –

diese Bemerkung muss einfach sein, um zu zeigen, dass Mutter sich auch für den Kindergarten aufopfert. Wenn jetzt ein Vater rasch aufspränge und fragte: »Kann ich denn noch irgendwas helfen?«, er erntete nur ein müdes »Ach, lassen Sie mal«. Im Leiden der letzten Aufräumenden vollendet sich das Schicksal der Kindergartenmutter.

Wer sich da nicht nach einer Flasche Bier, einer dunklen Sauna und einigen existenziellen Fragen in tröstender Dunkelheit sehnt, hat kein Herz. Ja, das Leben ist kein Wunschkonzert, und man kann nicht immer lustig sein. Und doch bietet der Kindergartenalltag auch hübsche Perlen der Unterhaltung, wenn man sich der Mühe unterzieht, sich zu bücken und sie aufzuklauben. Solche Perlen sind die längst in Mode gekommenen Kindergarten-Freundebücher, Alben von einer erstaunlich selbstbewussten Schlichtheit: Auf ihren Umschlägen tollen alberne Häschen oder drollige Kätzchen herum, in ihrem Inneren aber verlangen sie gebieterisch nach klaren Bekenntnissen. Hier muss jedes Kind in die Rubriken eintragen, was Volkszähler beglücken würde: »Ich heiße«, »Ich bin ___ Jahre alt«, »Meine Mama heißt«, »Mein Vater heißt«, »Ich bin ___ cm groß und wiege ___ kg«; es folgen Lieblingsbücher und -filme, zuweilen Berufe der Eltern oder die biologische Zuordnung der gegebenenfalls gehaltenen Haustiere. Sorgsam ausgefüllt werden die Seiten zumeist von der Mutter; sie hat das Kind im Laufe des Tages selbstverständlich noch gewissenhaft gewogen und vermessen.

Diese unschuldig daherkommenden Freunde-Bücher bilden den ersten Baustein des Lebens in einem sozialen Netzwerk – Facebook für Vorschulkinder könnte man sie nennen, wobei die Nutzer eigentlich mehr die Eltern sind. Wer ein solches Buch durchblättert (und das tut nun wirklich jeder, der nur einigermaßen neugierig ist), kann nicht nur die fein säuberlichen Handschriften der Mütter bewundern (noch nie habe ich eine Väter-Handschrift darin entdeckt), sondern auch einen tiefen Einblick in die Familien des Kindergartens bekommen: was die Kinder am liebsten spielen (»mit Playmobil« die Fantasielosen, »Verkleiden« die Ambitionierten, meistens die Mädchen), was sie gerne essen (Pizza und Eis die Normalos, Mango und »Mamas leckeren selbstgemachten Kräuterfrischkäse« die kleinen Gourmets, interessanterweise auch meistens Mädchen) und wer ihre besten Freunde sind. Jetzt heißt es genau hinschauen! Ganz wichtig: Gehört mein Kind zu diesen besten Freunden? Wenn nein, weshalb hat es dieses komische Freundebuch überhaupt in die Hand gedrückt bekommen? Wollen die Eltern mehr Nähe zwischen den Kindern? Suchen sie Kontakt zu uns? Oder handelt es sich – schlimme Vorstellung – um eine Verwechslung?

Manchmal erfährt man aus diesen Büchern auch, dass der Papa ein Fan von den »Böhsen Onkelz« ist. Na ja. Lustiger wird es da schon, wenn auch die Erzieherinnen den Fragenkatalog ausgefüllt haben. Wenngleich sie von Berufswegen ihre Antworten vorsichtig abwägen (nur zufällig fällt mein Blick dann aber immer auf die Rubrik »Ich wiege …«), schaue ich doch gerne sicherheitshalber nach, ob beim Lieblingsbuch nicht »Das Schweigen der Lämmer« auftaucht, ihr Lieblingslied nicht gerade »Schwarz-braun ist die Haselnuss« ist oder sie immer schon davon geträumt hat, einmal nackt auf dem Fahrrad durch die Stadt zu fahren. Sicher ist sicher. Sie lachen? Einmal erzählte mir mein Sohn, ein anderer Kindergartenvater besäße echte Handschellen. »Dabei ist der nicht einmal Polizist. Was macht der dann mit den Handschellen, Papa?« In solchen Momenten bin ich froh, dass ich kein Finne bin und solche interessanten Dinge auch bei helllichtem Tage und klarem Kopf erfahre. Soziale Netzwerke sind doch was Schönes!

GUTER MOND

Eines Tages erzählte mir einer meiner Söhne vom Pferd seiner Kindergärtnerin. Es war tot. Das war an sich nichts Besonderes, weil das erstens der Gang der Dinge ist und zweitens – so dachte ich – das Pferd von seinem Ableben ja nichts mehr wusste (und nach meinen zugegeben bescheidenen Einsichten in die Funktionsweisen der Tierwelt ergo auch nichts mehr davon spürte). Dem sei aber nicht so, musste ich von meinem Sohn erfahren. Denn Rocky – so der vierhufige Liebling – galoppierte jetzt über die Himmelswiese. Nun hatte ich mich bislang wahrscheinlich viel zu wenig mit dem Jenseits beschäftigt (bis Mitte vierzig hat man ja in aller Regel anderes zu tun), jedenfalls war mir die Existenz einer Himmelswiese bislang unbekannt gewesen. Noch mehr erstaunte mich die Vorstellung, dass sich dort unsere verblichenen Haus- und Nutztiere tummeln sollten. Als bemühter Katholik war ich schon ausreichend damit beschäftigt, die kirchliche Vorstellung von der Auferstehung der Menschen nachzuvollziehen. Einen ähnlichen Vorgang bei Rocky und seinen befellten Kumpanen einzuräumen überfordert mein Vorstellungsvermögen.

Nun hätte mich ja ärgern können, dass die Kindergärtnerin meines Sohnes über so viel mehr seherische Kraft verfügte als ich, was den Blick in die Welt des Übersinnlichen betrifft. Das hätte ich vielleicht auch, wenn es denn meine erste Niederlage in dieser Hinsicht gewesen wäre. Das war es aber längst nicht mehr: Im Vergleich mit dem geheimen Wissen der Frauen – das räume ich gern ein – bin ich chancenlos und werde es wohl bleiben. In dieser Hinsicht gilt: Wo Mütter andere Welten sehen, sehe ich nichts. Wenn Mütter Metaphysisches und Übersinnliches fühlen, spüre ich nichts. Hier wäre endlich mal der angestoßene Begriff der Parallelgesellschaft passend, schließlich leben mitten unter uns Menschen, die an lauter Sachen glauben, die ich nicht einmal kenne. Ja, ich gebe zu, das macht mich nervös, weil es vielleicht an diesem meinem persönlichen Mangel liegt.

Da gibt es Mütter, die plötzlich den Seelen ihrer Ahnen begegnen (ich habe den, allerdings empirisch schlecht belegbaren, Eindruck, meistens seien dies tendenziell unangenehme Begegnungen), andere sind von einem Moment auf den anderen von der Wiedergeburt überzeugt oder haben bei einem Elternabend bei der Frage, welcher Teig für die Waffeln auf dem Sommerfest denn nun der richtige sei, das energetische Potenzial zwischen den Anwesenden als Farbe gesehen. Und ich? Ahnungslos wie eine Katze vor dem Kalender. Würde ich tatsächlich irgendwann einmal eine gute Mutter sein?

Nun will ich nicht ungerecht sein: Es gibt sicherlich zwischen Himmel und Erde Dinge, die sich unserem rationalen Zugriff entziehen (allerdings ereignen sich schon in unserer Familie so viele solcher Dinge, dass ich sie als etwas Alltägliches bezeichnen würde, ohne dafür esoterische Erklärungsmuster zu Rate ziehen zu müssen, aber gut). Und kein christlicher Gottesdienst kommt schließlich ohne den – Entschuldigung – Zauber des Übersinnlichen und Nicht-Erklärbaren aus. Aber können wir es nicht dabei belassen und ansonsten die Welt ganz entspannt so nehmen, wie sie ist? Weshalb muss ich beim Kennenlernabend eines Kindergartens die kupferne Kugel in der Hand halten, wenn wir uns reihum vorstellen? Und warum fassen alle Mütter bei einem Elternabend einen Zweig an, um das Leben des Baumes zu spüren (das übrigens so pulsierend nicht mehr war, schließlich war der Zweig ja zuvor vom Baum abgeschnitten worden)? Müssen wir vielleicht etwas anderes berühren, um uns zu vergewissern, dass wir selbst noch leben? Ist das der Grund, warum immer mehr Mütter Bäume umarmen? Und ist das überhaupt fair? Irgendein höheres Wesen, das wir verehren, hat dem Bruder Baum schließlich die Existenz von Beinen und Füßen versagt – er kann nicht weglaufen. Ist es nicht gemein, ihn dann einfach in den Arm zu nehmen? Wurde er wenigstens vorher gefragt? Und wenn ja: Was hat er geantwortet?

Stumm bleibt aber nicht nur der Baum, wenn er von einer Mutter zwecks möglicher Umarmung angesprochen wird – in sehr viel majestätischerer Weise gilt das auch für den guten alten Mond. Der geht bekanntlich stille durch die Abendwolken dahin (aufgrund dieser kommunikativen Zurückgenommenheit dürfen wir vermuten, dass es sich bei dem tapferen Trabanten um einen Mann handelt) und nimmt also auch keinerlei vernehmbare Stellung zu den inzwischen recht ausführlichen Debatten um seinen Einfluss auf die eitlen Menschenkinder. Gerade bei Frauen ist der Glaube an den Mond und seine Kräfte ausgeprägt, während Männer zumeist schon bei der Sache mit Ebbe und Flut und deren Verbindung zum Mond am Ende ihrer kosmischen Phantasie angelangt sind (ganz zu schweigen von ihren Schwierigkeiten, ihrem Nachwuchs beim Nordsee-Urlaub vor den Ohren der anderen Urlauber zufriedenstellend zu erklären, wieso das Meer ständig kommt und geht). Diese Ahnungslosen wissen nicht, wer da über ihnen seine Bahnen zieht und die richtige Zeit für das Haareschneiden, das Wäschewaschen oder Blumenpflanzen vorgibt. Wer also als Mann unter Müttern bestehen will, sollte sich hier schleunigst ein Grundwissen anlegen, um esoterisch einigermaßen satisfaktionsfähig zu sein.

Will der Mütter verstehende Mann in dieser Hinsicht punkten, bringt ein morgendlicher Blick in den Kalender dafür das nötige Basis-Wissen. Wenn es im Laufe des Tages dann irgendwie heikel wird (»Mein Junge ist heute wieder so unruhig« oder »Meine Kleine hat heute so gar keinen rechten Appetit«), ist der richtige Moment für den verständnisvollen Hinweis gekommen, dass doch gerade zunehmender – oder wahlweise abnehmender – Mond sei. Das entspannt die Situation. Mutige Zeitgenossen können auch aufs Ganze gehen und volle Souveränität ausspielen: »Kein Wunder, in zwei Tagen ist Vollmond!« Touché! Es gibt auch ein geheimes Wissen der Männer!

Wer es mit dem Mond indes nicht so hat, kann sich noch zu den Sternen flüchten – auch hier schlummern wahre Fundstücke, die erst in der Welt der Mütter ihr volles Erkenntnispotenzial freigeben: Die Sternzeichen haben bei Müttern eine feste Heimat. Deshalb ist an diesem Punkt für den Ahnungslosen deutlich mehr Vorsicht geboten als beim Mond. Ein womöglich nett gemeintes »Was? Sie sind Wassermann? Ich hätte Sie glatt für einen Steinbock gehalten!« kann unter Eingeweihten glatt als Beleidigung durchgehen. Mich erwischte die Welt der Sternzeichen völlig unvermutet auf einem Kinderspielplatz: Mein Ältester produzierte sich gerade vor einem kleineren Mädchen mit seiner vermeintlichen Geschicklichkeit auf dem Klettergerüst (»Schau mal, was ich schon ka-han!«), was die burschikose Mädchen-Mutter dazu veranlasste, verzeihend-lächelnd zu mir herüberzuschauen und zu fragen: »Das ist ein Löwe, oder?« Ich träumte gerade so sehr im Diesseits herum, dass ich nur ein schwaches »Ach was, der hat nur gut gefrühstückt« herausbekam, ehe mir schwante, dass meine Antwort auffallend schwungvoll am Thema vorbeiging. Ein Gespräch mit der Mutter kam jedenfalls nicht mehr in Gang. Und das leicht zu beeindruckende kleine Mädchen haben wir seither auch nicht wiedergesehen – na ja, vermutlich eine Meerjungfrau. Eben etwas scheu.

Aber zurück zum Kosmischen: Besonders ungeschickt ist es, wenn man, sollte man sich denn doch auf ein Gespräch über Sternzeichen eingelassen haben, bei Rückfragen zum eigenen Sternzeichen zögert und schließlich hinsichtlich des Aszendenten gänzlich passen muss – ganz zu schweigen von chinesischen Tierzeichen, in denen sich Ratten, Schweine und Hunde tummeln. Und von da ist es nur noch ein verflucht kurzer Weg zu den Tieren auf unserer Mutter Erde – und der Frage, mit welchem Recht der Mensch sie schlachtet und aufisst. Längst ist die Vegetarier-Debatte durch die Feuilletons geschwappt und hat das fleischlose Leben salonfähig gemacht. Was man mit Tieren macht oder besser nicht, ist eine für den Alltag viel zu komplexe Frage – noch schwieriger zu beantworten als die Frage, ob irgendein Pferd auf einer imaginären Himmelswiese herumspringt. Von mir aus gerne. Wenn es dafür Ruhe an der esoterischen Front gibt …

Ansonsten halte ich es in allen Fragen des Übernatürlichen mit einem mir bekannten Homöopathen, der wohl eine Stelle bei Saint-Exupéry ein wenig durcheinander gebracht hat und mir gerne erklärt, dass aus medizinischer Sicht das meiste unsichtbar sei und man nur mit der Leber gut sehe – vermutlich hat er mich wieder einmal auf den Arm genommen.

SCHWIMMBADMÜTTER

Da wir gerade beim Großen und Ganzen sind, können wir doch auch gleich auf die Schöpfung zu sprechen kommen. Dazu fällt mir ein, dass die Evolution zum Glück niemandem Rechenschaft darüber schuldet, auf welchen verschlungenen Wegen sie in den Millionen Jahren der Mensch(en)werdung und -fortentwicklung entlangschlendert. Denn zu oft müssen wir einfachen Erdenmenschen uns eingestehen, dass wir diese Pfade nicht so recht nachvollziehen können. Welcher geheime Plan zum Beispiel führt von der Meerjungfrau, die einst in großartigen Geschichten wie Homers Odyssee auf verführerische Weise das Urelement Wasser mit dem nicht minder verführerischen Wesen der anmutigen Frau verbunden hat – welcher geheime Plan führt also von diesen Wesen zu jener Mutter, die einen Kindergeburtstag im Hallenbad feiert und eine (dem Anlass entsprechend völlig überdrehte) Gruppe von Fünfjährigen im Nichtschwimmerbecken zum nächsten Mitmachspiel animieren will: So steht sie dann, bis zur Hüfte im Becken, hat den Stiel eines Esslöffels in den Mund genommen, legt ein weißes Plastik-Hühnerei darauf und versucht nun (»Jötzscht mol olle hörpukken!«), schwimmend (den Kopf samt Löffel und Ei angestrengt in die Höhe reckend) den gut sechs Meter entfernten anderen Beckenrand zu erreichen. Was genau, so darf man sich bei diesem Anblick fragen, hat sich der Weltgeist dabei gedacht?

Wer die Antwort nicht im Metaphysischen sucht (im Hallenbad scheint kein Mond), muss sie im Alltag verchlorter deutscher Hallenbad-Fluten finden. Und wer sich hier umschaut, muss eingestehen, dass die anfangs beschriebene Szene eher eine Ausnahme darstellt. Nicht was das schmerzfreie Engagement von Müttern bei Kindergeburtstagen anbelangt, sondern vielmehr hinsichtlich der Tatsache, dass die meisten Mütter in den Schwimmbädern selbst gar nicht aktiv sind – etwa indem sie mit Plastikeiern balancieren. Vielmehr sind sie in ihrer Mehrzahl augenscheinlich als Beobachterinnen ihrer Kinder unterwegs: Sie schauen, wie ihr Nachwuchs schwimmen lernt. Nun ist es aber keineswegs so, dass die Väter in die Fluten stiegen und die Grundzüge des Überwasserbleibens stolz an die nächste Generation weitergeben. Nein, heute lernen die Kinder die hohe Kunst des Überwasserbleibens zumeist in Schwimmkursen. In diesen wird unter strengen Anweisungen, oft genug auch unter Tränen und gerne mit vielen altbewährten Tricks der schwarzen Pädagogik (»Wenn du nur heulst, kannst du gleich nach Hause gehen« oder »Seit wann haben Jungs Angst vor Wasser?«) den Knaben und Mädchen die Freude an dem Urelement Wasser vermittelt. Ich habe Mütter getroffen, die diese Methoden nicht gerade schön fanden, sich aber damit trösteten, dass die Kleinen danach tatsächlich schwimmen konnten. Wie auch immer: Nach meinen Erfahrungen schmeckt das Wasser mancher Nichtschwimmerbecken nach einigen Stunden Schwimmkurs immer leicht salzig – ausnahmsweise nicht wegen des Urins, sondern wegen der Tränen.

Diese Schwimmkurse für Kinder lenken den Blick zurück auf die Schwimmbadmütter und ihre vornehme Rolle als kommentierende Beobachterinnen. Im Gegensatz zum Nachwuchs sitzen sie im Trockenen, vorzugsweise haben sie ihren festen Platz im schwimmbadeigenen Café. Das Restaurant des Hallenbads, das ich mit meinem Ältesten besuche, verfügt wie viele andere auch über eine riesige Panorama-Fensterfront, die einen freien Blick auf das gesamte Schwimmbadareal eröffnet. Dort sitzen die Schwimmbadmütter bei einer traurigen Tasse Kaffee (wahlweise Tee), die für die Schwimmstunde viel zu klein ist – beziehungsweise die Schwimmstunde zu lang für die kleine Tasse. Gleichwie: Die Mütter halten sich an dieser einen Tasse als Mindestbestellung fest, strecken deren Leerung auf eine gute Dreiviertelstunde (so lange dauert nämlich die Schwimmstunde samt Umziehen), wodurch der Inhalt zwangsläufig erst lau, dann kalt wird. Aber das nehmen sie geduldig auf sich, schließlich sind sie währenddessen ja nicht untätig. Sie sind auf Posten.

Der verzweifelt mit den Fluten und der angsteinflößenden Schwimmlehrerin kämpfende Nachwuchs wird von hier aus genau beobachtet. Die einsame Schwimmbadmutter quittiert die Erfolge beziehungsweise Misserfolge nur mit leichten Veränderungen in der Mimik, mal ein leichtes Kopfschütteln, mal ein leises Knurren. Ist die Mutter in einer Gruppe da – also unter Müttern –, werden die Erfolge lautstark kommentiert, und auch für die Misserfolge anderer bleibt Zeit (in akustischer Hinsicht glaubt man bei geschlossenen Augen von Ferne einen Zug vergnügter Wildenten lustig schnatternd gen Süden ziehen zu hören).

Erfolg und Misserfolg der Kleinen werden übrigens später stolz in niedlichen Tierchen gemessen. Das Seepferdchen gibt es, einen Pinguin oder einen Delphin – unschuldige, fröhliche kleine Wesen aus Stoff, die an Badehose und Schwimmanzug genäht werden und die das frühe Leistungsstreben der Vorschulkinder aufmunternd begleiten. »Weiter so, kleiner Kerl«, scheinen sie dem erschöpften Kind zuzurufen, »immer schön anstrengen, das Leben ist kein Zuckerschlecken.« Glauben die Kleinen wirklich an Aufnähtierchen und deren Ermutigungen? Oder etwa ihre Mütter?

Wenn ich mit unserem Ältesten nach einem ausgiebigen Planschen im Nichtschwimmerbecken (mindestens zwei Schwimmkursen haben wir entspannt zugeschaut) das Schwimmbadcafé betrete (es ist gegen 15.30 Uhr, vom Bademeister hinter der Scheibe und von dem obligatorischen, ungeschickten Aushilfskoch einmal abgesehen ist hier kein einziger Mann zu sehen), bricht die Zeit des Genusses an. Weil es bei uns daheim nur gesunde Bio-Sachen gibt und allein schon aus ästhetischen Gründen Fastfood verpönt ist, nutzen wir die ganz auf körperliche Ertüchtigung und Gesundheit ausgerichtete Situation, um lautstark Pommes und Fischstäbchen für den Sohn (»aber mit ga-a-anz viel Ketchup«) und mir selbst eine »ordentliche Currywurst« (»mit satt Pommes«) zu ordern. Ich genieße die entsetzten Blicke: »Wieder so ein Gelegenheitsvater, der mal was mit seinem Sohn unternimmt«, wispert es. »Nur gut, dass der zuhause nicht kocht«, zischelt es, »sonst gäb's da nur noch Pommes.« »Das arme Kind. Hat es eigentlich schon das Seepferdchen?« In solchen Momenten, ich gebe es zu, schmeckt mir sogar die viel zu fettige Currywurst. Und ich ertappe mich bei dem Gedanken, den nächsten Kindergeburtstag im Schwimmbad zu feiern – und der kreischenden Schar begeisterter Fünfjähriger dann mit einer Currywurst im Mund vorweg durchs Becken zu schwimmen …

DICKER HUND MIT GORGONZOLA-SAUCE

Apropos Currywurst: Wir sollten unbedingt das Thema Essen anschneiden (über das Trinken sprechen wir vielleicht gesondert). Noch immer gilt die Mutter ja als Ernährerin der Familie; sie ist es schließlich, die die Kleinen füttert, sie heranführt an das, was man heute unter gesunder und ausgewogener Ernährung versteht. So ist es Tradition im Land, und wer will, greift in seiner Erinnerung noch auf die Zeiten von Jägern und Sammlern zurück, in denen die in Fell gehüllte Mama am warmen Feuer den Kleinen Nahrung zubereitete. Ja, das mögen in mancherlei Hinsicht noch die guten alten Zeiten gewesen sein (wobei ich ein bisschen den Eindruck habe, diese Bemerkung könnte politisch inkorrekt sein), aber so recht hilft uns das auch nicht weiter, weil die Welt heute bekanntlich etwas komplexer geworden ist. Zu dieser Komplexität zählt die Tatsache, dass wir eben nicht einfach sagen können, die Mütter ernähren die Kinder und damit gut. Denn längst ist eine Alternative möglich: die kulinarische Versorgung durch den Vater. Doch gerade dadurch wird die Sache mit der Fütterung des Nachwuchses erstaunlicherweise tendenziell eher schwieriger …

Denn diese Alternative lenkt unseren Blick auf einen wichtigen Unterschied der Geschlechter: Väter und Mütter haben als Männer und Frauen einen völlig unterschiedlichen Zugang zum Thema Ernährung. Zugespitzt: Bei Frauen geht es beim Thema Essen in aller Regel um das angemessene Verhalten in der Spannung zwischen »gesund« und »ungesund«. Diese Koordinaten sind Männern hingegen nicht so wichtig – sie unterscheiden beim Prozess des Essens erschreckend pragmatisch nur zwischen »hungrig« und »satt«. Männer und Frauen passen nun einmal nicht zueinander, hatte Loriot einst herausgefunden, und dies nicht nur aufgrund seiner Differenzerfahrung bei der Zubereitung eines Frühstückseis.

Doch mit Humor kommen wir an dieser Stelle leider nicht weiter. In meinem Bioladen (Bioläden sind übrigens bis heute weitgehend humorfreie Zonen, vermutlich weil dort mehr als an anderen Orten so demonstrativ der Ernst der Ernährung zelebriert wird) machte ich unlängst die zumindest für mich neue Entdeckung, dass es unterschiedliche Teesorten für die Geschlechter gibt: den Tee für Frauen und den für Männer. Nur kurz überlegte ich, ob ich heimlich den Frauentee probieren sollte, nahm aber davon Abstand, weil man auch mit Naturprodukten keinen Unfug anstellen soll (jeder, der in jungen Jahren mal mit Pilzen experimentiert hat, weiß, wovon ich spreche). Aber wie ich da so in der ernsthaften Stille des Bioladens vor dem Tee-Regal stand, fragte ich mich selbstverständlich, wohin diese

Ausdifferenzierung bei der Nahrungsaufnahme dereinst führen würde. Längst weiß ich, dass es inzwischen Bemühungen gibt, Medikamente nicht mehr unterschiedslos für Frauen und Männer zu entwickeln. Männer wie Frauen haben ein Recht auf eigene Tabletten, das macht Sinn – wenngleich man sich fragen darf, wie lange ein FDP-Gesundheitsminister braucht, um dies gedanklich nachzuvollziehen …

Von solchen Fragen ist es nicht weit zu den Überlegungen, ob es nicht unterschiedliche Nahrungsmittel für Frauen und Männer geben sollte. Bei einigen Grundnahrungsmitteln wie Würstchen oder Buletten gibt es diese Ausdifferenzierung schon in Form von Sojaprodukten (wobei irritierenderweise die Sojawurst dereinst vom jungen Konrad Adenauer erfunden wurde, obwohl der ja meines Wissens keine Frau war). Und beim Brot gibt es schon längst schwarz und weiß. Und – jetzt fällt es mir ein – alkoholfreies Bier ist ja auch schon lange auf dem Markt. Nun ist mir die Sache mit den Tees allmählich doch plausibel …

Aber es geht im herrschenden Ernährungsdiskurs ja nicht nur darum, dass es unterschiedliche Lebensmittel für unterschiedliche Menschen gibt und geben sollte. Es ist zugleich dringend notwendig, über das Essen zu reden. Hier haben die Frauen die Nase vorn und die Männer erkennbar Nachholbedarf. Sie agieren zumeist stumm (wir erinnern uns an das »Schweigen der Söhne«) nach primitiven Mechanismen: In einem ersten Schritt nehmen sie wahr, dass sie Hunger haben.

Dann essen sie etwas. Und dann sind sie satt. Sollten sie wider Erwarten noch immer Hunger haben, essen sie einfach noch mehr. So lange, bis sie satt sind. Dann ist es vorbei mit dem Essen (und die Sensibleren von ihnen waschen sich hinterher sogar die Hände). Da machen es sich die Herren der Schöpfung aber zu einfach! Was ist mit ungesättigten Fettsäuren (und das sind keine Säuren, die noch Hunger haben, Herrschaften!)? Was mit Vitamin D? Oder den freien Radikalen? Na?

Mütter können solche Gedankenlosigkeit in aller Regel nicht hinnehmen. Sie müssen über diese Probleme reden, ihre Zeitschriften sind voll mit lauter Rezepten – vor Jahrzehnten waren das mal Rezepte für leckere Speisen, heute sind es Handlungsanweisungen für gesunde Ernährung. Und fester Bestandteil des Gesundheits-Ernährungsdiskurses ist die kollektive Essstörung, von der ja gerade Frauen in diesem Land betroffen sind. Zugleich habe ich den Eindruck, bei der Thematisierung kindlicher Ernährung geht es mehr um die Angst der Mutter, zu dick zu werden, als um die Heranführung des Nachwuchses an einen selbstbestimmten und damit durchaus auch genussbetonten Umgang mit Lebensmitteln. Ich hörte einmal von einem kleinen Mädchen, das sich eine Weight-Watcher-Packung in die Mikrowelle schob, um sich gesund zu ernähren. Zweifelsohne ein dicker Hund.

Da denke ich doch mit heimlichen Freuden an unseren Nachbarhund Carlos, der von seinem Herrchen gewichtsbewusst ernährt wird – eines Tages bekam

Carlos selbstgemachte Gnocchi mit Gorgonzola-Sauce vorgesetzt. Meinen vorsichtigen Einwand, Gorgonzola-Sauce zähle eigentlich nicht zu den klassischen Schlankmachern (das zeigt, wie lange ich schon unter Müttern lebe, denn früher wäre ich nicht einmal auf den Gedanken gekommen, eine solche Bemerkung zu machen), konterte Carlos' Herrchen – das übrigens beneidenswert gut kochen kann – mit dem Hinweis, es komme bei einem guten Essen doch nicht auf die Menge an, sondern auf die Qualität, oder etwa nicht? Recht hat der Mann. Aber: Was der Hund noch darf, kommt für uns längst nicht mehr in Frage. Aus allen Ecken (sogar von den Krankenkassen!) kommen Warnhinweise, was wir unbedingt zu uns nehmen sollten und was besser nicht: wenn Fleisch, dann helles, kein rotes, wenn Brot, dann Vollkorn, und so weiter. Meine ganzheitlich operierende Zahnärztin legte mir unlängst ans Herz, selbstverständlich auf Kaffee, aber auch auf Weizenmehl zu verzichten. Ich bat sie, einfach meine Zähne nur in den Zustand zu versetzen, dass ich mühelos in ein ordentliches Brötchen beißen könne – seither behandelt mich übrigens ihre Kollegin, mit der ich deutlich weniger über den Verzehr von Grundnahrungsmitteln zu sprechen pflege.

Zusammen mit der Frage der gesunden Ernährung hat zugleich die Angst am deutschen Esstisch Platz genommen: die Angst vor einer Lebensmittelunverträglichkeit. Für uns mag das noch wenig vertraut sein, für unsere Kinder ist es längst etwas Selbstverständliches.

Dies lässt sich sprachlich hübsch nachvollziehen, denn hier wächst eine ganze Generation mit einer Frage heran, die unseren Eltern und Großeltern vollends fremd gewesen wäre: »Darfst du das?« Anders: »Bist du dagegen allergisch?« Lebensmittelunverträglichkeiten sind heute das tägliche Vollkornbrot der Kleinen. Oft genug habe ich regelrecht Angst davor, ich könnte einem Spielkameraden eines meiner Söhne am Nachmittag unwissentlich etwas in die Hand drücken, auf das dieser allergisch reagiert. Eine Stulle mit Omas selbst gemachter Marmelade – was weiß ich, was Schwiegermutter da in Wirklichkeit alles hineinrührt? Selbst gebackener Kuchen – vor allem Nüsse sollen doch hochallergen sein! Ein Stück Fleischwurst auf die Hand – nachher soll das Kind vegetarisch groß werden, und ich bringe es leichtfertig auf blutige Abwege!

Bei bestimmten Festen (etwa im Kindergarten) sind die Eltern längst angehalten, dem mitgebrachten Salat oder Kuchen kleine Schildchen beizugeben, auf denen die Inhaltsstoffe stehen. Wegen der vielen Allergien bei den Kindern. Und längst tun wir das fleißig, wiewohl mich manchmal der Zweifel beschleicht, ob das mit diesen Allergien nicht irgendwie auch eine Macke der Erwachsenen ist. Als ich unlängst Freunde besuchte und mir zur Begrüßung ein kleiner fröhlicher Hund entgegensprang, fragte man mich, ob das okay sei, wenn der Vierbeiner in der Wohnung bliebe – vielleicht hätte ich ja eine Hundeallergie. Was es alles gibt – beziehungsweise nicht gibt. Denn unlängst hielt ich wieder einmal die »Süddeutsche Zeitung« in der Hand (das kommt bei meinem Zeitbudget nicht regelmäßig vor) und las pflichtbewusst einen Artikel über Nahrungsmittelallergien. Rund 20 Prozent aller Deutschen glauben demnach, sie reagierten allergisch auf ein oder mehrere Lebensmittel. Ein Allergologe namens Jörg Kleine-Tebbe vom Allergie- und Asthma-Zentrum Westend in Berlin (existiert eigentlich in Deutschland eine Agentur, die sich mit dem Erfinden von Institutsnamen eine goldene Nase verdient? Im nächsten Kapitel – ich nehme das hier schon einmal vorweg – werden wir auf das Max-Planck-Institut für Kognitions- und Neurowissenschaften in Leipzig treffen) gibt allerdings zu bedenken, dass es sich hierbei zumeist um eingebildete Kranke handelt: »Nach gründlicher Untersuchung bleiben aber nur ungefähr zwei Prozent übrig, die eine echte Lebensmittelallergie haben« – von 100 Deutschen wähnen sich also 20 als Allergiker, doch 18 von diesen irren sich.

Freitags ist bei uns in der Nähe Bio-Wochenmarkt. Wann immer möglich, besuche ich ihn, gerne mit unseren Söhnen. Beim Stand des Schlachters erhalten auch die Kleinen in ihrem Buggy immer ein ordentliches Würstchen (nicht so ein kleines Stückchen Fleischwurst wie bei den geizigen Großstadt-Metzgern, sondern ein richtiges Wiener Würstchen). Wenn sie dann niedlich in ihrer Karre sitzen und vergnügt speisen, spüre ich die Blicke der Mütter um mich herum – und fühle mich irgendwie etwas schuldig.

DAS KIND SPRICHT …

Wer das Glück hatte, den Film »Ein Fisch namens Wanda« sehen zu können, wird sich wohl immer an die Szene erinnern, in der sich Archie (der Jurist) mit einem virtuosen Striptease auf das Schäferstündchen mit der hinreißenden Wanda vorbereitet – begleitet von der lautstarken Wiedergabe seiner vermeintlichen Italienisch- und Russisch-Kenntnisse. Die nämlich haben auf erwähnte Wanda eine erkennbar aphrodisierende Wirkung. Sollte jemand den Film nicht gesehen haben, muss er sich an dieser Stelle mit dem vergleichsweise nüchternen Hinweis zufriedengeben, dass das Leben bunter und abwechslungsreicher ist, wenn man eine oder mehrere fremde Sprachen spricht. Fragt sich an dieser Stelle, welcher Weg dahin für unsere Kinder der richtige ist. Denn wir wollen als verantwortungsbewusste Eltern dem Nachwuchs ja alle nur erdenklichen Türen öffnen.

Hier greift die Zauberformel von der frühkindlichen Bildung. Seit Jahren schon geistert diese Forderung durch deutsche Kindergärten und Kinderzimmer, Eltern werden auf alle nur erdenklichen Chancen hingewiesen, die ihr noch so kleiner Wurm dereinst auf dem sich ständig wandelnden Arbeitsmarkt der globalisierten Gesellschaft haben werde, wenn sie nur früh genug die richtigen Weichen stellen. Die Eltern sollten früh und beherzt handeln! Bloß nicht bis zur Schule warten, schon gar nicht sich auf diese verlassen. Jeder ist da seines Glückes Schmied. Soll ich denn jetzt mit meinen Kindern Chinesisch sprechen? Ja, warum nicht? Nur angesichts des Primats frühkindlicher Bildung wurde für mich verständlich, was einige Mütter um mich herum anstellten: Sie opferten für die Erziehung ihrer Kinder sogar ihre eigene Muttersprache! Ich kenne Fälle, in denen – auch wenn Mama und Papa beide deutschsprachig sind – daheim auch Französisch oder Spanisch mit den Kindern gesprochen wird, damit sie frühzeitig auf den polyglotten Weg kommen. Und längst erwarten Eltern, dass in den Kindergärten erste Englisch-Kurse angeboten werden, und geradezu beglückt sind sie, wenn dort die Praktikantin im Anerkennungsjahr ihre schulischen Italienisch-Kenntnisse nutzt, um Fünfjährige rechtzeitig fit für das Dolce Vita zu machen.

Immer mehr, immer früher, immer anspruchsvoller! Nach meiner Beobachtung sind die Eltern inzwischen ganz huschig geworden, weil sie permanent von der Frage umgetrieben werden, ob sie wirklich genug machen für die frühkindliche Bildung. Ich selbst kam zwischenzeitlich ins Wanken, als ich in einem der ganz wenigen ruhigen Momente den Wochenendteil der

»Süddeutschen Zeitung« in den Händen hielt (jetzt bin ich doch ertappt…). In einem Artikel ging es um den Sprach- und also auch Fremdsprachenerwerb von Kleinkindern. »Auch die erste Fremdsprache schon in der Kinderkrippe«, so las ich dort erstaunt, »halten Fachleute für empfehlenswert.« Umgehend hatte ich ein schlechtes Gewissen, denn einer unserer Söhne war in seiner Krippe mit seinen wirklich liebenswürdigen Erzieherinnen hinsichtlich seiner Bildung nahezu ausschließlich mit der Geschichte von der kleinen Raupe Nimmersatt beschäftigt, in der meines Wissens nur ein einziges Fremdwort vorkommt, nämlich der »Kokon«, aus dem schließlich der wunderhübsche Schmetterling schlüpft. Das war eindeutig zu wenig!

Schon im zarten Alter von vier Monaten sind Kinder in der Lage, Grammatik zu lernen, erfuhr ich aus dem Zeitungsartikel weiter (toll, denn viele Erwachsene sind dazu praktisch nie in der Lage). Das erstaunliche Ergebnis habe eine Studie des – jetzt kommt es – Max-Planck-Instituts für Kognitions- und Neurowissenschaften in Leipzig erbracht. »Die Sätze gingen nicht zum einen Ohr rein und zum anderen wieder raus«, freute sich eine Frau Mueller von eben diesem Institut (diese gedankliche Barrierefreiheit scheint sich also erst in späteren Jahren sukzessive aufzubauen). Kleinkinder hätten deshalb ein so enormes Lernvermögen, weil ihr Gehirn noch nicht genug entwickelt sei, genauer: Der präfrontale Cortex, der für die Kontrollprozesse zuständig ist, sei noch nicht sehr ausgeprägt. Hier liegt nach

Einschätzung der Leipziger Studie die große Chance: »Kinder können also durch Assoziation Verknüpfungen erstellen, ohne dass ihnen dauernd der Kontroll-Cortex dazwischenfunkt.«

Als ich diese Stelle das erste Mal las, hatte ich ein wenig Kopfschmerzen (vermutlich ist mein Cortex gerade wieder einmal auf der Suche nach seiner inneren Mitte). Aber wenn ich die Leipziger richtig verstanden habe, klappt das Lernen bei den Kleinkindern deshalb so gut, weil sie den Erwachsenen mangels eigener Kontrollchancen schlicht – pardon – jeden Mist glauben. Etwa Spanisch in Leipzig oder Französisch in Hamburg. Wer dieser Logik folgt, ist dem Wesen der frühkindlichen Bildung zu einem guten Teil auf die Spur gekommen: Nutzen wir die Gutgläubigkeit der Kleinen, solange sie noch glauben, was wir ihnen erzählen. Und da muss es gar nicht nur um Sprache gehen, denken wir an die vielversprechenden Themen aus Kultur oder Politik. Was ist da alles möglich, wenn wir nur früh genug handeln!

Als vorbildliche (zweifache) Mutter präsentiert sich etwa Anne-Sophie Mutter, die für die Förderung in Vorschulen und Kindergärten plädiert. Ihr Sohn sei schließlich ein guter Pianist, und ihre Tochter habe immerhin eine Affinität zur bildenden Kunst. »Mit beiden Kindern bin ich früh in Museen gegangen«, erzählt Mutter und ermutigt dazu, Kunst auch im wahrsten Sinne des Wortes zu erfassen: »Richard, mein Sohn, war gerade mal fünf Jahre, als er mit Begeisterung den nackten Hintern einer Bronzestatue im Münchener

Lenbachhaus tätschelte.« Nun verfügt nicht jedes Kind über diese herausragenden Bildungschancen (und über solchen auf den ersten Blick treffsicheren Kunstgeschmack). Einfachere Naturen müssen sich mit Naheliegenderem wie dem Unterschichtenfernsehen begnügen. Moderator Kai Pflaume etwa lässt seine Kinder Nachrichtensendungen schauen. »Auch ein Zehnjähriger sollte wissen, wer die Bundeskanzlerin ist, und nicht nur, wer in der DSDS-Jury sitzt«, erklärte der gewitzte Herr Papa.

Damit wären wir ausgehend vom großen Thema Fremdsprachenkenntnisse bei der Frage der alltäglichen Lebenstüchtigkeit angekommen. Denn beide Komplexe müssen miteinander in harmonischer Beziehung stehen, sonst bleibt das Leben unerfüllt. Einerseits ist der ein Depp, der keine Fremdsprache spricht (er kann dann höchstens für die FDP Bundesaußenminister werden, aber wer wünscht sich das schon für seine Kinder?). Andererseits blamiert sich auch der, der die tollsten Sprachen spricht, sich aber in entscheidenden Momenten des Alltags einfach zu blöd anstellt. Auch daran erinnert uns der eingangs zitierte Film »Ein Fisch namens Wanda«: Das so sorgsam und leidenschaftlich vorbereitete Schäferstündchen zwischen Archie und Wanda wurde denn doch noch abrupt unterbrochen, weil die eigentlichen Mieter der dafür ausgewählten Wohnung ebenso überraschend wie unpassend in der Tür standen. Archie hatte halt schlecht recherchiert und von den neuen Bewohnern nichts gewusst. Vielleicht hat er auch nur eine Notiz seines Büros nicht oder unzureichend gelesen. Dann wäre er womöglich das Opfer einer Überdosis frühkindlicher Bildung, weil ihn seine Eltern zu früh mit fremden Sprachen penetriert haben, so dass er in seiner eigenen Muttersprache komplexe Planungen nicht mehr bewältigt. Wenn ich mal wieder Zeit habe, werde ich die Zeitung beiseitelegen und meine Beobachtung mit diesen Kognitionsfreunden aus Leipzig besprechen …

»HEUTE NOCH?«

Verbindlichkeit ist bekanntlich das Salz in der Suppe der Kindererziehung. Gerade deshalb fragt man sich natürlich, weshalb in Deutschland morgens um acht nicht die Mütter die Kindergärten bevölkern und an der gesunden Rohkost knabbern, während ihre Süßen gemütlich daheim sitzen und den lieben Gott einen guten Mann sein lassen. Denn noch keine Stunde zuvor war das Land erfüllt von donnernden Sätzen wie diesen: »Also ich fahre jetzt in den Kindergarten, du kannst ja hierbleiben.« Diese Ankündigung gibt es selbstverständlich in höchst unterschiedlichen Variationen – die Bandbreite reicht hier von dem heuchlerisch hingehauchten »Tschü-ü-ß!« bis hin zur unverhohlenen Drohung »Okay, mach, was du willst, aber dann musst du den ganzen Tag hier ganz alleine im Haus bleiben – ach ja, bevor ist es vergess: Lass bloß die Räuber nicht rein!«

Hinter solchen und anderen Perlen der intergenerativen Kommunikation verbirgt sich weniger das Problem des Umgangs mit Sprache (genauer mit sprachlichen Drohungen – um noch einmal auf Loreley und ihre Schwestern zurückzukommen. Vielleicht sollte man die Abschiedsdrohung einfach mal singen: »Alle Kinder groß und klein, bleiben jetzt allein daheim…«) als vielmehr das Problem des Umgangs mit der Zeit überhaupt. Deshalb sollten wir mit Müttern wie Kindern nachsichtig umgehen, schließlich zählt dieses Problem zu den wahrhaft großen Fragen der Menschheitsgeschichte. Schon der gute alte Kirchenvater Augustinus sah sich allein mit der Beschreibung des Phänomens bereits überfordert. Als der gefragt wurde, was Zeit nun eigentlich sei, antwortete er: »Wenn mich niemand fragt, weiß ich es, wenn ich es jemandem erklären will, weiß ich es nicht.«). Wenn es denn so kompliziert ist, wie können wir da von einem Fünfjährigen oder seiner Mutter eine Souveränität erwarten, die die Menschheit in Tausenden von Jahren noch immer nicht an den Tag legen kann? Aber es hilft nichts: Mag der gute Augustinus ruhig noch nachdenken, wir müssen die Kleinen schließlich nicht nur irgendwie, sondern auch noch möglichst pünktlich in den Kindergarten oder die Schule schicken. Also jetzt aber zügig.

Als mein Ältester mich eines Morgens wieder lustvoll auf die Geduldsprobe stellte (selbstverständlich fällt dem jungen Herrn gerade beim Weggehen ein, dass er lieber die Schuhe mit den Schnürsenkeln anziehen will, um ganz in Ruhe die Schleifen zu binden), fiel ich in einem Akt der Notwehr für einen Moment in einen nahezu meditativen Zustand. Es mochte daran gelegen haben, dass ich am vorhergehenden Abend vor dem Einschlafen ein selten aufregendes Buch gelesen hatte, jedenfalls nistete sich in meinem Kopf der freche Gedanke ein, dass der gelassen Schleifen bindende Bursche einer geheimen Verbindung angehören könnte, die sich als eine Art neuzeitliche Kommunikationsguerilla versteht. Deren Mitglieder könnten sich doch auf die Fahne geschrieben haben, uns Erwachsene an unseren beiden zentralen wunden Punkten zu attackieren: Ich spreche von den elterlichen Forderungen nach Schnelligkeit und Leistungsbereitschaft (beides gehört in unserer Leistungsgesellschaft untrennbar zusammen – der langsame Faule hat hier bekanntlich kein Zuhause).

Was, wenn zunehmend Kinder mit der Entdeckung der demonstrativen Langsamkeit ihren höchst eigenen Terroranschlag auf unseren Gesellschaftsentwurf unternähmen? Wenn feste Schulstunden plötzlich ignoriert würden? Wenn die Züge einträfen und führen, wann es ihnen beliebt? (Entschuldigung, schlechtes Beispiel, das tun sie ja längst.) Wenn niemand mehr pünktlich zum Essen käme und meine leckeren Sojawürstchen traurig erkalteten und langsam schrumpelig würden? »Fertig!«, triumphiert der Schnürsenkel-Kämpfer und reißt mich aus meinen Gedanken; erleichtert brechen wir zum Kindergarten auf. Dort beobachtete ich unlängst eine Mutter, die ihren Sohn beim Anziehen belehrte: »Nicht labern, machen!« Das ist doch hübsch gesagt – und trifft den Kern unseres Problems.

Apropos Zeit und Kindergarten: Von den olympischen Sommerspielen einmal abgesehen kann man zu keinem Zeitpunkt wohl mehr Frauen in der Öffentlichkeit laufen sehen als beim morgendlichen Weg zum Kindergarten. »Na, das wird wohl nichts mehr mit dem Stuhlkreis, was?«, möchte man den Sprintenden gerne hinterherrufen, tut es aber selbstverständlich nicht, weil das erstens ziemlich ungezogen wäre und weil sie einem zweitens auch ein bisschen leidtun. Schließlich weiß man nur zu gut, dass dem Gehetze daheim sicherlich eine Menge Diskussionen um schnelleres Zähneputzen, Haarekämmen oder Schuheanziehen vorausgegangen sein dürfte. Außerdem werden einem in solchen Momenten bekanntlich die Größe der alltäglichen Erziehungsprobleme und damit die eigene Hilflosigkeit deutlich. Schön, wenn niemand unsere elterliche Kleinheit an dieser Stelle bemerkt, aber schlimm die Vorstellung, jemand würde dieses Erziehungsgerede hören und archivieren: Wie peinlich wäre das denn, wenn es draußen im Universum intelligentes Leben gäbe, das für wenige Sekunden die Chance hätte, einen ausgewählten Blick auf die Menschheit zu werfen – und dann sehen und hören sie mich, wie ich meinem Sohn vor dem Kindergarten zurufe: »Heute noch?« Da würde auch Augustinus wahrscheinlich nur noch stammeln …

WAS HABEN WIR GELACHT! DIE VEREINBARKEIT VON FAMILIE UND BERUF

Einige Monate bevor mein Ältester eingeschult wurde, erhielt ich einen Brief vom zuständigen Bezirksamt: Wir möchten doch bitte mit dem Knaben zur schulärztlichen Untersuchung erscheinen (in der Anlage fand sich übrigens praktischerweise gleich eine Kopie mit dem einschlägigen Passus aus dem Schulgesetz, wonach die Eltern bei Androhung einer Ordnungsstrafe zur Vorstellung des Kindes verpflichtet sind). Es handelte sich also nicht um einen Sonntagsausflug, sondern um eine Anordnung meines Staates; gut eine Stunde würde das Procedere in Anspruch nehmen. Selbstredend wollte ich meinen Pflichten als treuer Staatsbürger nachkommen, doch der gesetzte Termin erschien mir unpassend, weil ich zu diesem Zeitpunkt noch die zwei kleineren Söhne zu betreuen hatte. Ich wählte die angegebene Telefonnummer und wollte von der angebotenen Möglichkeit Gebrauch machen, einen anderen Termin zu vereinbaren. Tatsächlich hatte ich die Ärztin direkt am Apparat und trug mein Anliegen vor; an zwei Nachmittagen hätte ich daheim eine Hilfe bei der Kinderbetreuung, dann könnte ich mit dem Einzuschulenden entspannter kommen. Das sei leider vollkommen ausgeschlossen, beschied die Ärztin vom Amt, »ich arbeite halbtags«. Und Schluss.

Nach einem alten Sprichwort (das so alt ist, dass ich gar nicht mehr weiß, wo ich es gehört habe) ist der Mensch immer dann, wenn er sich über etwas wundert, auf ein Geheimnis gestoßen. Normalerweise hilft mir dieser Gedanke bei der Bewältigung alltäglicher Probleme, doch diesmal wollte es nicht so recht klappen. »Ja, und?«, fragte ich verblüfft zurück, »Was soll ich jetzt machen?« »Bringen Sie doch einfach die beiden kleinen Geschwister mit, das machen die anderen Mütter auch.« Und – schwupp – da waren gleich ein paar wunderhübsche geheimnisvolle Hinweise, die mein Leben wieder ein bisschen kniffeliger machen sollten. Dass ich mich gefälligst nicht so anstellen soll, hieß das wohl, und dass ich mich wie die anderen Mütter dem Unabwendbaren beugen soll. Befehl ist halt Befehl. Wollte ich etwa eine Extrawurst? Oder wollte ich vielleicht gar nicht so sein wie »die anderen Mütter«? Männer neigen ja zuweilen zum Jammern – machte auch ich mich in dieser Hinsicht verdächtig? War ich überhaupt eine richtige Mutter, wenn ich nicht mit zwei kleinen Kindern die Schuluntersuchung des dritten gemanagt bekam? Wartete hinter der schnöden staatlichen Anordnung vielleicht nur meine persönliche mütterliche Reifeprüfung? Würde ich sie bestehen?

Ich bestand sie nicht – meine Frau übernahm während ihrer Arbeitszeit die Kleinen, während ich dann folgsam mit dem Ältesten zur Schulärztin pilgerte (morgens um acht). Doch von einer Niederlage möchte ich nicht sprechen, denn gleichwohl nahm ich dies als Anstoß, etwas gründlicher über das Thema Arbeit und Mütter nachzudenken. Zunächst fiel mir selbstverständlich der deutsche Protestantismus ein. Denn auch wenn wir diesen fairerweise nicht für alle geschichtlichen Fehlentwicklungen verantwortlich machen dürfen, so hat er doch uns Deutschen die kolossale Überschätzung der Arbeit in die Wiege gelegt. Etwas verkürzt gesagt, arbeiten wir seit Luther und einigen anderen gestrengen Gesellen umso härter, weil uns dann der Platz im Himmelreich sicherer ist. Nun ist das mit dem Himmelreich ja bekanntlich eine ziemlich unsichere Angelegenheit, weshalb sich auch die meisten Protestanten von der Idee weitgehend verabschiedet haben. Aber das mit der Arbeit ist uns allen geblieben. Und so sind die Deutschen sehr fleißig – und darauf sind sie auch noch furchtbar stolz.

Die Sache hat allerdings den einen oder anderen Nachteil. Nicht nur den, dass nicht alle für ihre Arbeit auch angemessen bezahlt werden (aber das gehört hier nicht hin), sondern auch die strukturelle Benachteiligung der Mütter: Die sind nämlich in dieser Arbeitsgesellschaft die Angeschmierten. Nicht nur weil sie in diesem Land immer noch weniger verdienen, nur weil sie Frauen sind, sondern weil sie einer spezifisch bundesrepublikanischen Lebenslüge aufgesessen sind, die so famos konstruiert ist, dass man sie nicht besser erfinden könnte. Es ist die Lebenslüge von der angeblichen »Vereinbarkeit von Familie und Beruf«.

Wie diese Formel in unsere Welt kam, lässt sich wohl nicht mehr genau rekonstruieren. Aber vermutlich drang bei ihrer Formulierung aus den Hinterzimmern der Macht ziemlich schäbiges Lachen, Männer-Lachen nämlich. Die Jungs sahen sich nämlich zu diesem Zeitpunkt einer wachsenden Zahl von selbstbewussten Frauen gegenüber, die immer lauter erklärten, sie wollten nicht mehr nur Kinder und Küche. Sie wollten jetzt auch (nein, nicht Kirche) ihre Arbeit. »Wir wollen nicht mehr auf das häusliche Leben reduziert werden«, sagten die Frauen, »wir wollen uns auch beruflich verwirklichen.« Die Männer sahen, dass sie etwas unternehmen mussten, und kamen auf eine teuflisch geniale Idee. Sie traten vor die Frauen und erklärten: »Wir verstehen euer Anliegen! Mehr noch: Ihr habt recht mit euren Forderungen! Und deshalb erklären wir, dass ihr ab sofort für Familie <u>und</u> Beruf zuständig sein dürft!« Da brach Jubel im ganzen Lande aus, die Frauen lachten und tanzten, und die Männer standen (wie immer beim Tanzen) ein wenig abseits und lächelten wissend in sich hinein.

Nur wenige Jahrzehnte später ahnten die Frauen, warum die Männer seinerzeit so gegrinst hatten: Sie hatten ihnen ein klassisches Danaer-Geschenk gemacht. Inzwischen wussten die Frauen aus leidvoller Erfahrung, dass es eine Vereinbarkeit von Familie und Beruf in dieser Form gar nicht geben konnte, sondern nur eine schlichte – wenngleich recht schmuck verpackte – Doppelbelastung. Millionen Frauen waren nun in den Büros und Geschäften angestellt – halbtags und halbwertig. Der Chef sucht mit stoischer Regelmäßigkeit immer dann nach ihr, wenn sie nicht da ist (»Seit Jahren habe ich mittwochs meinen freien Tag, aber er fragt genau an diesem Tag, wann ich denn überhaupt mal im Büro sei«). Bei Kunden und Mitarbeitern sind ihre Kinder die Standardentschuldigung; selbst wenn keines der Kleinen Windpocken hat (und sie deshalb zuhause bleiben muss), sondern sie nur mal schnell aus dem Zimmer ist, um aufs Klo zu gehen, heißt es doch: Vermutlich muss sie sich um ihre Kinder kümmern. Die Ärmste. Und bei dem zentralen sozialen Großereignis eines jeden Büroalltags – der gemeinsamen Mittagspause mit dem womöglich gemeinsam eingenommenen Mittagessen – ist unsere Mutter in aller Regel nicht mehr zugegen. Sie ist längst wieder auf dem gehetzten Rückweg, um noch rechtzeitig den Nachwuchs aus Kindergarten und Schule abzuholen. Die Mutter als Teilzeitkraft erscheint also schlicht als unzureichende Arbeitskraft.

Daheim angekommen, beginnt dann der zweite Teil dieser defizitären Existenz: Die Halbtagsmutter nimmt ihre familiäre Arbeit auf, oft genug mit der Zubereitung des Mittagessens für die Kleinen; sie sorgt für Haushalt und Einkauf, kümmert sich sodann um den Termin- und Hausaufgaben-Wahnsinn für die Lütten und selbstverständlich noch um die gesamte Organisation aller sozialen Termine. Was am Abend an Erfahrung bleibt, ist das Äquivalent zur Wahrnehmung als unzureichende Arbeitskraft im Büro: Die Mutter hat das Gefühl, daheim nicht alles so geschafft zu haben, wie sie es vielleicht gerne geschafft hätte. Aber die Mutter leidet und schweigt. Und die Gesellschaft ist ja keineswegs undankbar: Wenn die Mutter die Doppelbelastung lange genug durchhält, spendiert ihr die Krankenkasse vielleicht einmal eine Mutter-Kind-Kur auf Norderney. Was will frau mehr?

Beachtlich ist bei dieser Konstruktion gesellschaftlicher Wirklichkeit der Umstand, wie sehr sich der Rest der Gesellschaft bei der Forderung nach der Vereinbarkeit von Familie und Beruf um das Wohl der Mütter kümmert – die braucht das fast gar nicht mehr selbst zu tun. So legte die Bundesregierung im Jahr 2011 einen Regierungsentwurf für ein Fachkräfte-Konzept vor, wonach Mütter den Mangel an Fachkräften lindern sollen. 1,2 Millionen Mütter wurden ausgemacht, die bislang nicht arbeiteten – die ließen sich durch bessere Angebote für die Kinderbetreuung sowie durch Modelle, um Familie und Beruf zu vereinbaren, als zusätzliche Arbeitskräfte gewinnen. Dass an solchen Plänen so lustige Vögel wie Rainer Brüderle oder Philipp Rösler mitwirken, macht das Ganze vielleicht unterhaltsamer, aber konsequent ist das selbstverständlich noch nicht – noch scheuen sie und andere sich vor der klaren Arbeitspflicht für Mütter, wenn der Staat das gerade braucht (etwa weil die Jungs wieder die Kohle ganzer Generationen an der Börse verzockt haben). Früher mussten die

Muttis doch auch ein paar Jahre zum Munitiondrehen in die Fabriken. Da wurde auch nicht groß diskutiert, ob einem das nun passt oder nicht! 2011 sorgte ein Urteil des Bundesgerichtshofs für Beachtung, das zeigte, was das neue Unterhaltsrecht für alleinerziehende Mütter bedeutet: Die haben nur noch bis zum dritten Geburtstag einen garantierten Anspruch auf Unterhaltszahlungen, danach müssen sie nachweisen, dass sie wegen des Kindes nicht Vollzeit arbeiten können. Für das Kind gibt es Kindergarten und Hort, für Mutti die volle Stelle (natürlich nur, wenn Brüderle oder Rösler irgendwo gerade eine gefunden haben). So richtig Arbeitspflicht ist das noch nicht. Aber immerhin: Das ist doch ein Anfang! Weiter so! Was haben wir gelacht!

MAMA MACCHIATO

Bleiben wir beim Thema. Eigentlich wollte ich ja eine kleine Geschichte über die Café-Mütter schreiben, über jene also, die in den Vormittagsstunden in unseren Einkaufszentren oder in den angesagten bürgerlichen Gegenden die Cafés bevölkern – und zwar mit ihren Kindern. Je kleiner, desto besser (also die Kinder). Da sitzen sie – in der Regel mit anderen Müttern – beim Latte Macchiato und tratschen. Und die süßen Kleinen schlafen in ihren Wägelchen, versuchen verzweifelt, durch allerlei kleine Spielchen die Aufmerksamkeit der Mutter zurückzugewinnen, oder werden auch schon mal an die hauseigene Spielecke verwiesen (»Geh mit Sören mit, da hinten könnt ihr schön mit Duplo spielen«). Wir alle kennen diese Szenen: Die Kinder wollen nicht ins Café, ihre Mütter können nicht anders. Das kann anstrengend sein – für alle.

Früher dachte ich, diese Mütter müssten doch Angst vor irgendeiner Leere in ihrem Leben verspüren – einen Horror vacui spezifisch mütterlicher Ausprägung sozusagen. Weil sie weder mit sich noch mit ihrem Kind etwas anzufangen wissen, fliehen sie halt ins Café. Oder vielleicht, weil sie daheim niemanden haben – keine Familie, keinen Partner, keine anderen Kinder, keine Nachbarn. Oder weil es in ihrer Nähe kein IKEA gibt. Warum sonst bitte schön sollte jemand auf den Gedanken kommen, mit einem Säugling über eine Stunde in einem bescheuerten Durchschnitts-Café zu verharren? Dabei trinken sie doch oft genug gar keinen Kaffee, weil sie ja noch stillen, sondern irgend so ein koffeinfreies milchiges Heißgetränk.

So dachte ich immer, aber das stimmt selbstverständlich alles nicht. In Wirklichkeit sind diese Mütter nur dazu da, die anderen zu ärgern, die jeden Tag fleißig ins Büro laufen (da sehen sie nämlich schon die ersten Mütter über ihrem Milchschaum sitzen), in ihren kurzen Pausen eilig ein belegtes Brötchen holen (da wird an den Tischen gerade geräuschvoll gestillt) und noch am Nachmittag durch das halb offene Bürofenster das laute Lachen amüsierter Mütter hören müssen. »Latte-Macchiato-Mütter« hatte sie einst Bascha Mika geschimpft, die ehemalige »taz«-Chefredakteurin (auf deren einschlägiges Buch wir später noch einmal in einem anderen Zusammenhang ausführlicher zu sprechen kommen). Sie musste in ihrem Leben sicher auch schon viel in Büros laufen. Wohl deshalb erboste sie sich über diese Frauen, die nur in den Cafés rumlungerten, es sich so gemütlich wie nur möglich machten und demonstrativ ihr augenscheinlich vorhandenes Geld ausgäben. Dabei ist es das Geld ihrer Männer, und das ärgert Frau Mika besonders, denn diese Mütter hätten es sich in einer regelrechten Komfortzone gemütlich gemacht, in der sie den Männern doch tatsächlich seelenruhig die Rolle des Geldverdieners überlassen und demonstrativ ein traditionelles Frauenbild aus- und vorlebten.

»Genau«, möchte man da rufen. »Erhebt euch, ihr faulen Mütter mit den dicken Geldbeuteln! Ihr habt nichts zu verlieren außer eurer Komfortzone und dem täglichen Latte Macchiato!« Aber ich zögere. Warum genau sollen die Mütter jetzt an die Arbeit gehen? Sollen sie wieder in Munitionsfabriken (wieder muss ich an Brüderle und Rösler denken)? Ist wieder Krieg? Sollen die Schicksen einfach nur mal sehen, was es heißt, sein eigenes Geld zu verdienen? Oder geht es nur darum, dass die Mütter endlich modern sein und sich verdammt noch mal der politischen Dimension ihrer geschlechtsspezifischen Benachteiligung bewusst werden sollen? »Geht gefälligst an die Arbeit!« Männer vernachlässigen ihren Beruf nicht, ruft ihnen noch Bascha Mika hinterher, Frauen tun es massenhaft.

Meine Zweifel wachsen. Was, wenn doch die Mütter auf eine geheimnisvolle Art und Weise recht haben? Und nicht Bascha Mika und ich und vielleicht noch einige andere? Wenn es doch schlauer ist, einen gewissen Teil des Lebens in Cafés zu verbringen, statt sich in mehr oder weniger sinnvollen Bürojobs aufzureiben? (Es darf doch wohl mal gefragt werden, wie sinnvoll es denn ist, während der weltweiten Finanzkrise beispielsweise bei einer Sparkasse zu arbeiten. Oder in Zeiten wie diesen sein Redakteursdasein bei einer linken Tageszeitung zu fristen.) Ist nicht vielmehr Entschleunigung in unserer Zeit wieder in? Geht es nicht längst darum, individuelle Freiräume zu schaffen, um sich vom Tempo der Gegenwart nicht überrollen zu lassen? (Mir war so, als hätte ich Ähnliches unlängst in der »Zeit« gelesen, die ja zunehmend Lebensberatung sucht und bietet.) Und was ist mit der wechselseitigen Toleranz? Ja, ich gebe zu, ich sitze auch manchmal vormittags bei einem – allerdings koffeinhaltigen – Tässchen. Also: Was stört euch, wenn wir in unseren Cafés sitzen? Wir raunzen euch doch auch nicht ständig an, nur weil ihr in die Büros lauft? »Hey, ihr lohnabhängig Beschäftigten! Habt ihr es euch auch schön bequem gemacht in euren beheizten Büros, die ihr nicht bezahlen müsst? Bei tariflich geregelten Urlaubszeiten und Lohnfortzahlung im Krankheitsfall?« Meckern wir etwa, nur weil ihr eure Arbeit macht? Wenn ihr wieder ein paar Milliarden in halbkriminelle Gasgeschäfte mit Russland steckt? Banken pleite gehen lasst oder nur stirnrunzelnd dabeisteht, wenn einige korrupte Systeme die Euro-Währung an den Rand der Existenz treiben? Na? Kein Wort. Ist das nicht eine Toleranz, von der ihr euch wenigstens mal ein kleines Stück abschneiden könntet?

Die hohe Kunst der Entschleunigung, so möchte man allen zurufen, die uns Mütter aus welchen Gründen auch immer in die Berufswelt zurückjagen wollen, hat doch wohl ihre Wurzeln in der Erziehung, wir sprachen ja schon an anderer Stelle über die Erziehung durch Vorbild. Also, wer könnte die Kleinen in so etwas wie die hohe Kunst des Herumlungerns denn einweisen – wenn nicht wir? Und dazu braucht es eben ein gelebtes, ja ein vorgelebtes Päuschen. Nicht nur hier und da, sondern regelmäßig. Die wirkliche Revolution (genau genommen: die Konterrevolution) unserer Arbeitswelt beginnt in solchen Momenten! Vielleicht bemerkt ihr es noch nicht, aber wir spüren schon eure Angst! Die Mütter sind der besinnungslos vor sich hin hetzenden Umwelt nur ein kleines Stück voraus. Noch einen Latte?

Doch es gibt letzte Widerstandsnester. Vor einigen Tagen schaute ich auf ein Heißgetränk in einem Café vorbei, an dessen Tür ich einen Aufkleber bemerkte, der mich politisch korrekterweise erboste: Darauf war ein Kinderwagen abgebildet, dazu der Hinweis »max. 3«. Was für ein mieser Laden, dachte ich, und betrat ihn. Ein großes Café, modern und geschickt eingerichtet – aber längst ein ebenso trauriges wie verdientes Opfer seiner eigener Ausgrenzungspolitik. Kein mütterliches Getuschel an den Tischen, kein sinnfreies Kinderlachen, kein lustiges Gläserklirren, kein Duft übervoller Windeln, der von der Damentoilette aus der Tiefe des Raums herüberweht: Der Laden war im Prinzip leer. Ich bestellte einen normalen Filterkaffee. Er war lauwarm. Die Bedienung war lustlos und übergewichtig. Draußen begann es zu regnen. Ist es wirklich das, was ihr wollt?

SOLLTE MAN HUNDEHALTERN, DIE AUF OFFENER STRASSE MIT IHREM TIER REDEN, DAS WAHLRECHT ENTZIEHEN?

Manchmal hilft es ja schon, die richtigen Fragen zu stellen. Also: Sollte man Hundehaltern, die auf offener Straße mit ihrem Tier reden, das Wahlrecht entziehen? Die Antwort scheint naheliegend zu sein, aber wie immer, wenn eine Sache so einfach erscheint, wird sie dann doch immer komplizierter, je länger man sie beobachtet. So musste ich mir im Laufe meiner Recherchen zum Thema Hundehalter schließlich sagen lassen, dass der oben genannte Schritt aus demokratietheoretischen Überlegungen gar nicht so leicht in die Praxis umzusetzen sei. Wahrscheinlich ist daran wieder mal der deutsche Föderalismus schuld (ich persönlich möchte ihn an dieser Stelle gerade wegen der unterschiedlichen Schulpolitik in den Bundesländern gerne einmal in Schutz nehmen – es könnte ja sein, dass bei den höchst unterschiedlichen Schulversuchen aus Versehen doch irgendwann eine richtig gelungene Schulpolitik herauskommt). Deshalb also noch mal von vorne: Herr und Hund sowie: Herrin und Hündin.

Wie andere Mütter auch habe ich die unterschiedlichsten Erfahrungen mit Hunden und ihren Besitzern gemacht. Da gab es den frei laufenden Mischling, der vor Herrchens Augen auf dem Kinderspielplatz gekonnt in ein lustiges Spieleimerchen urinierte – wir alle kennen solche überraschenden Momente des Alltags. Sie sind für uns Erwachsene wichtig, weil sie uns, unsere Erwartungen und Kenntnisse immer wieder lustvoll auf die Probe stellen: Vor den Augen unserer ebenfalls überraschten Kinder können wir zeigen, wie in solchen Augenblicken eine angemessene, in der Sache ebenso deutliche wie im Ton freundliche Antwort auszusehen hat. So entsinne ich mich noch gut einer Begebenheit am Ostsee-Strand, als ich neben unserem Ältesten – damals sechs Jahre alt – am Wasser entlangspazierte. Von hinten kam lautlos (!) ein Blindenhund (!) herangestürmt (zum richtigen Verständnis dieser Szene sei noch erwähnt, dass der Vierbeiner gerade keinen Sehbehinderten mit sich führte, was bei seinem Tempo auch unangemessen gewesen wäre) und riss meinem Sohn seinen eben erst aus den Fluten gezogenen Spazierstock aus der Hand. Meine nach kurzzeitiger Irritation rasch anhebenden Ausführungen über die segensreiche Geschichte des deutschen Gebrauchshundes an sich und den schier unersetzlichen Wert von Blindenhunden für die armen Sehbehinderten wollten die Tränen des Jungen allerdings nicht trocknen. Ich fühlte mich schuldig: Ich hatte meinen Sohn – genau genommen seinen Lieblingsstock (zu jedem Moment ist der Stock in der Hand eines Kindes ja bekanntlich der Lieblingsstock) – nicht verteidigt! Und das nicht gegen einen Wolf, eine weitere Schulreform der Freien und Hansestadt Hamburg oder eine andere Bestie, sondern gegen einen Blindenhund. Einen Blindenhund! Die sonst nur den Telefonhörer holen oder bei einer Ampel vielleicht noch oben und unten unterscheiden können. Und was habe ich gemacht? Habe ich die dazugehörende Blinde am Ostseestrand zur Rede gestellt? Dem räuberischen Tier umgehend die Machtfrage gestellt? Nichts von alledem – kleinlaut nahm ich den Verlust des Lieblingsstockes in Kauf. Agiert so eine Löwenmutter?

Ich gelobte Besserung – zumindest gegenüber Hunden wollte ich fortan ein Held sein. Eine Hundebesitzerin mit einem schwarzen Setter bot mir unlängst dazu eine vorzügliche Gelegenheit: Ich saß mit unseren gut eineinhalbjährigen Söhnen vor der Haustür, wo wir (weitgehend schweigend) gemütlich dem Treiben der Welt zuschauten. Rasch war dieser schwarze Setter da und machte Anstalten, mit seiner belegten langen Zunge einem der beiden Jungs genüsslich durchs Gesicht zu schlecken. Selbstredend war der Hund nicht an der Leine (die hatte sich Frauchen kunstvoll um den eigenen Hals geschlungen – wahrscheinlich trägt man das in Paris oder Itzehoe gerade so), und ein Halsband hatte er auch nicht um (manche besonders modisch bewussten Tierchen tragen ja immerhin ein buntes Halstuch, was bei großen Exemplaren stets ein bisschen danach aussieht, als hätten sie gerade Frau Antje aus Holland verspeist und trügen nun ihr Kopftuch als Trophäe um den Hals).

Mit den mir eigenen differenzierten kommunikativen Möglichkeiten stellte ich mich dem Hund entgegen – »hau ab!«. Das Tier war erschrocken und schaute mich irritiert an, vermutlich war der potenzielle Gesichtsschlecker von daheim einen niveauvolleren Umgangston gewohnt. Jedenfalls eilte Frauchen dem leine- wie orientierungslosen Zottel zu Hilfe: »Das Problem ist, sie mag Kinder so gerne.« Aber bitte nicht meine, dachte ich noch und wollte erbost fragen, ob das Tier für seine Vorliebe Messer und Gabel benötige oder ob es mit den Werkzeugen der Natur alleine mit den Kleinkindern zurecht komme. Aber da wurde ich gewahr, in welchen Abgrund von Schlichtheit ich schaute. Sie – sie! – mag halt Kinder, das ist ihr Problem. (Problem!) Klang da nicht der stille Vorwurf heraus, dass gerade ich als Vater dieses Gefühl der Zuneigung zu den kleinen Wesen doch eigentlich nachvollziehen können müsste? Ob ich gar herzlos sei? Hatte ich vielleicht eine ungewollt welpenlose Hündin vor mir, die doch an ihrem Schicksal schon schwer genug zu tragen hatte? Oder vielleicht eine ungewollt kinderlose Hundehalterin? Oder beides?

Ich musste mich kurz schütteln, um wieder in der anspruchsvolleren Realität anzukommen. »Ihr Köter gehört an die Leine, damit er mit seiner Schnauze nicht an Kindergesichter geht.« Das war weder ein Zeugnis gekonnter Formulierungskunst (und das auch noch vor den Kindern!) noch ein vorbildliches Dokument zwischenmenschlichen Verständnisses. Aber Frau und Hündin hatten immerhin mit einem »Ja, ja, ich weiß schon« abgedreht und gingen ihrer Wege. Zuvor hatte die Dame noch kleinlaut die Königin unter den Floskeln aus der Kategorie »Hund beißt Kind« zum Besten gegeben: »Die tut wirklich nichts«. (Das hat man früher wahrscheinlich auch über Magda Goebbels gesagt, was aber weder Frau Goebbels noch Kindern durchs Gesicht schlabbernde Hunde in meinen Augen wirklich attraktiver macht.)

Mein Triumphgefühl des ersten Moments machte mich allerdings nicht satt. Gut – diesmal hatte ich nicht wie beim Blindenhund an der Ostsee einfach die Segel gestrichen, aber ich hatte lediglich eine Hundebesitzerin angeraunzt. Wie mutig war das denn schon? Hätte ich nicht verständnisvoller sein müssen? Sie sprach ja offen von einem »Problem«, das die Hündin hat. Wäre nicht vielleicht der verständnisvolle Hinweis auf einen Hundetrainer hilfreicher gewesen? Womöglich wäre der Hündin schon mit einem guten Gespräch geholfen. In unserer Stadtteil-Zeitung hatte ich einige Zeit zuvor die große Anzeige einer Praxis für Tierkommunikation entdeckt. Darin erläuterte die Inhaberin, wie sie Menschen und Tieren dazu verhelfe, auf telepathischem Wege miteinander in Kontakt zu treten. »Wir können Gefühle, Gedanken und Bilder von dem Tier übermittelt bekommen, aus denen sich dann die Botschaft des Tieres zusammensetzt.« Na also, Bello kann doch sprechen! Bello, sag mal: »Rote Rosen.«

Womit wir beim eigentlichen Thema sind – beim Sprechen. In diesem Falle beim Sprechen der Hundebesitzer mit ihren Tieren. Dieses Sprechen ließe sich mit ein wenig gedanklicher Flexibilität in drei Kategorien ordnen: das einfache Sprechen, das komplexe Sprechen sowie das erwartungsvolle Sprechen. Das einfache Sprechen lässt sich, wen wundert's, am häufigsten beobachten (was übrigens auch auf die Mensch-Mensch-Kommunikation zutrifft); diese beginnt bei einfachen Befehlen wie »Komm!«, »Jetzt lauf!« oder »Hiiiiiier-her!«. Ein solches Verhalten möchte ich noch nicht als sozial auffällig bezeichnen, wenngleich mir auf den Straßen in akustischer Hinsicht nichts fehlen würde, wären solche Rufe eines Tages verschwunden.

Irritierender finde ich da schon das komplexe Sprechen mit Hunden, das nach meiner Beobachtung zuweilen beide Beteiligten an den Rand ihrer intellektuellen Fähigkeiten bringen kann: »Mensch Trixi, ich hab wirklich keine Lust mehr weiterzugehen, wenn du immer so an der Leine ziehst.« Oder: »Komm, wir schauen eben noch beim Bäcker rein, und dann geht's wieder nach Hause.« Solche Monologe können durchaus belustigend wirken, wenngleich man sich als ungewollter Zuhörer zuweilen mehr inhaltliches Gewicht wünschte – so spricht aus meiner Sicht nichts dagegen, den Hund auch mit Bemerkungen zu dem neuen Roman vom Martin Walser oder der Programmstruktur von arte zu belegen. Richtig bedenklich wird die Mensch-Hund-Kommunikation nach meiner Einschätzung allerdings beim erwartungsvollen Sprechen: »Lullu, nicht! Wie oft soll ich das noch sagen?« »Kannst du mir mal sagen, warum du nicht hörst? Na?« Auf was warten diese Menschen? Offensichtlich darauf, dass das Tier antwortet. Das nenne ich mal, sich ein großes Ziel setzen! Ich fühle mich bei solch bedenklichen Erscheinungen an die Geschichte einer Frau erinnert, die angeblich mit Steinen spricht – aber nach meinen Informationen bis heute auf Antworten wartet.

Aber zurück zu unserer Ausgangsfrage: Soll man Hundehaltern, die auf offener Straße mit ihrem Tier reden, das Wahlrecht entziehen? Alle Fakten sprechen dafür, aber ich glaube, wir sollten – nicht zuletzt als Vorbilder für unsere Kinder – verständnisvoller sein. Nur über die Blindenhunde ist meines Erachtens das letzte Wort noch nicht gesprochen …

DIE KLUGE HAUSFRAU

Ich kenne Haushalte, da könnte man ohne große hygienische Bedenken auf dem Fußboden der Gästetoilette eine mittelgroße OP durchführen. Klinisch rein! Ich habe Küchenschränke gesehen, in denen Tassen und Gläser streifenfrei der Größe nach geordnet sind und anscheinend auch nicht von den Stürmen des Alltags aus ihrer Ruhe und Ordnung gebracht werden. Und ich kenne Mütter, die – eingestanden oder uneingestanden – an einem Putzfimmel leiden (wenn sie denn leiden, ich bin mir da gar nicht so sicher). Das alles erzähle ich selbstverständlich nur, weil ich neidisch bin. Wenn ich abends unsere Küche halbwegs aufgeräumt und auch noch den Müll rausgebracht habe, bin ich schon zufrieden. Von einer möglichen Geschirrakkuratesse in den Hängeschränken kann nicht die Rede sein, von hygienischen Mindeststandards für operative Eingriffe einmal ganz zu schweigen.

Der Mann als Hausmann gilt ja in einigen Kreisen unserer Gesellschaft als kultureller Fortschritt. Das überrascht – zumindest auf den ersten Blick. Denn üblicherweise sind Männer im Ordnungssystem Haushalt ein Desaster: Sie erweisen sich als erstaunlich ungeschickt (immer kleckern sie mit dem Kaffee) oder knüllen – in der Regel abends, aber eigentlich den ganzen Tag – ihre Kleidung zusammen, statt die abgelegten Sachen ordentlich hinzulegen, damit sie entweder noch einmal getragen werden oder den geordneten Gang in die große Maschinerie des häuslichen Wäschewaschens antreten können. Zudem haben Männer nach meiner Beobachtung den Hang zu einer spezifischen Raum-Legasthenie; ein Phänomen, das schon früh beim Memoryspielen auffällt: Gerade Jungs können sich anscheinend nicht merken, wo die Sachen liegen – und das zeigt sich bereits bei ihren oft hilflosen Versuchen, die schon einmal umgedrehten Bärchen- oder Schiffchen-Karten wiederzufinden. Wo lagen die noch mal? Beim ausgewachsenen Exemplar ändern sich die gesuchten Gegenstände – das Phänomen an sich bleibt: »Wo sind denn die Taschentücher?« Oder: »Hast du meine Regenjacke gesehen?«

Doch wir wollen den Männern gegenüber nicht ungerecht sein. Abweichend von der häuslichen Norm sind sie nämlich eigentlich nur, wenn sie mit ihrem vergleichsweise funktionalen Verhältnis zu den schönen Dingen des Heims ans Werk oder durch den Alltag gehen. Etwa bei fast allen Fragen der Tischdekoration: Teller, Besteck, Gläser, vielleicht noch Servietten. Fertig ist die schmuckvolle Tafel. »Brauchen wir Untersetzer?«, ruft er noch in die Küche. Das war's dann aber auch. Ach ja, und: »Haben wir eigentlich irgendwo

Kerzen?« Auch im Waschkeller fühlen Männer nicht den Schmerz, der Mütter zuweilen bei nicht-akkuratem Verhalten durchfährt. Immer wieder höre ich davon, dass Männer bei ihren gelegentlichen Ausflügen an die Waschmaschine den Begriff »Buntwäsche« deutlich toleranter auslegen. Wenn man so will: mehr vom Ergebnis her.

Das ist nicht lustig. Wenn Männer den Haushalt übernehmen – oder mehr oder weniger wissend hineinreden –, ist es schnell vorbei mit Lustigsein. Wie sang Herbert Grönemeyer einmal? »Männer machen alles ganz genau.« Genau! Und zwar: ganz genau! Sie glauben nicht, welche Ordnung und Effektivität Männer in einen Haushalt bringen können. Davon könnte – einmal konsequent zu Ende gedacht – nicht nur der Einzelne profitieren, sondern (wie bei Männern und ihren guten Taten immer) das große Ganze, die gesamte Volkswirtschaft nämlich. Man denke zuvörderst an die zumeist völlig unökonomische Beladung von deutschen Geschirrspülmaschinen! Dieser Vorgang liegt oft genug in Hausfrauenhand – aber wie sieht das traurige Ergebnis aus? Man kann selbstverständlich große, kleine und tiefe Teller wahllos nebeneinander in die Auffächerung stopfen, man kann sie aber auch so ordnen, dass nicht nur mehr Teller hineinpassen, sondern dass sie auch noch sauber werden, eben weil das Spülwasser die Tellerflächen dann vollständig erreicht. Oder man denke an die doppelstöckige Beladungsmöglichkeit im oberen Spülwagen: von findigen Ingenieuren erdacht für die kluge, raumsparende Stapelung von schwach bis mittelverschmutzten Tassen oder kleineren Gläsern. Nicht aber für zwei, drei große Latte-Macchiato-Gläser, die vielleicht sogar noch keck auf der Seite liegen. Da steht doch später das Wasser drin! Ich kenne übrigens Familien, die Konsequenzen auf diesen Missständen gezogen haben und in denen inzwischen schon die dritte Generation von Männern für die korrekte Beladung der Spülmaschinen zuständig ist. Ich sage Ihnen: Ich habe von geschickter Männerhand beladene Besteckkästen aus frisch gespülten, noch dampfenden Maschinen herausfahren sehen, die ich am liebsten fotografiert hätte – jedes Messerchen und Löffelchen hängt da in Reih und Glied. Ein Traum!

Neben der rechten Ordnung ist selbstverständlich die fachgerechte Zubereitung von Speisen zentrale Aufgabe häuslicher Führung. Auch hier ist der Mann im Kommen. Er kocht heute mehr und häufiger als früher, nach meiner Beobachtung aber in der Regel nur, wenn dieser Vorgang entweder im Freien stattfindet oder im Fernsehen (oder zumindest in einer großen Illustrierten) dokumentiert wird. Das Kochen im Freien hat archaischen Charakter, der in der Grillsaison bei bloßem Oberkörper seine wahre Schönheit preisgibt: Wie einst die Jäger greift der starke Mann zum blutigen Fleisch, um es auf dem Urelement des lodernden Feuers für seine Sippe (heute zumeist Vereinskameraden, Kollegen, Nachbarn) fachgerecht in braune oder schließlich schwarze Stücke zu verwandeln, die dann verzehrt werden müssen. (Grillende Frauen in der Öffentlichkeit finden sich nur bei rein weiblichen Ausflügen dieser Art.)

Das Kochen vor der Fernsehkamera (genauer: in der Öffentlichkeit) hat ähnlich demonstrativen Charakter – hier zeigt der Mann nicht nur, wie man es macht, sondern, wie man es besser macht. Dabei wird stets viel geredet und zugleich aber auch deutlich, dass diese Art der Speisenzubereitung für den Alltag (geschweige denn für den Alltag mit Kindern) gänzlich ungeeignet ist. So wurde ich in einer Zeitschrift unlängst Zeuge männlicher Kochkunst und ihres charmanten Charakterzugs, noch die denkbar einfachsten Sachen dieser Welt so lange zu verkomplizieren, bis sie kaum mehr jemand nachvollziehen kann, am wenigsten wohl die Männer selbst. Das gelingt auch außerhalb der Küche glänzend – bei der Weltfinanzkrise haben die großen Jungs bekanntlich so lange mit dem Geld herumgespielt, bis sie zum Schluss selbst nicht mehr verstanden haben, was sie da eigentlich trieben. Aber zurück in die Küche: In der erklärenden, also der Männer-Küche erfuhr ich unlängst, wie man eine ordentliche Bolognese-Sauce anrichtet. Eines des Geheimnisse: Das Hackfleisch müsse in Ruhe mehrere Stunden lang vor sich hin köcheln – dazu gab's den männlichen Hinweis, dass vermutlich jede Bolognese-Soße, die unter sechs Stunden köchelt, allenfalls im Schulhort serviert werden könne. Das ist lustig, erinnert mich aber an Grönemeyer und die in Reih und Glied hängenden Löffelchen in dampfenden Geschirrspülmaschinen. Wer von einem Rudel stets hungriger Kinder umstanden ist, darf froh sein, das Gehackte noch schnell anbraten zu können, ehe die Meute darüber herfällt. Sechs Stunden, ha!

Ich selbst halte mich selbstverständlich für eine gute Hausfrau. Da ich nach gründlicher Analyse meiner häuslichen Fähigkeiten aber noch Optimierungsbedarf bei der Aufbewahrung von Lebensmitteln ausgemacht hatte, wurde es auch für mich Zeit für die erste Tupper-Party meines Lebens. »Na, wer von euch ist denn das erste Mal auf einer Tupper-Party?« Die vergnügte Tupper-Verkäuferin strahlte in die Runde, alle anderen Frauen schauten mich an, ich saß auf dem Sofa und glaubte zu erröten. Aber gut, es soll hier nicht um meine Gefühle gehen, schließlich ist Haushaltsführung eine höchst rationale Sache. Ich erfuhr an diesem Abend übrigens viel Nützliches über neue und alte Schachteln und Dosen, über Reinigungstechniken und die Zubereitung von Gerichten – außerdem war es auch noch richtig nett. Nur blieb ich bei meinem Glauben, die Mütter würden bei diesen Anlässen immer viel zu viel von lauter praktischen Dingen erwerben, auf die es ja eine quasi lebenslange Garantie gibt und die irgendwann die Küchenschränke verstopfen oder ungebraucht in diesen herumlungern würden. »Na? Hast du was gekauft?«, empfing mich meine Frau nach der Tupper-Party. Selbstverständlich hatte ich. Ich hatte (unter anderem) zwei super funktionale Gemüseaufbewahrungsdosen für den Kühlschrank erworben, die an der Seite über zwei kleine Lüftungsklappen verfügen. So kann man für jedes Gemüse die optimale Belüftungs- und Lagersituation herstellen. Okay, die beiden Dosen waren nicht gerade billig, aber so kommt endlich mal System in die Gemüselagerung, die mir als Problem vor diesem Abend noch gar nicht bewusst gewesen war. Irgendwie hatte ich also eine echte Bewusstseinserweiterung erfahren!

Immerhin drei Monate brauchte meine Familie, um meine neu strukturierte Gemüselagerung zu dekonstruieren. Eine der beiden Dosen fand ich unlängst im Zimmer unseres Großen wieder (»Menno! Nicht wegnehmen, da habe ich jetzt Legos drin!«), ein kleines Verschluss-Deckelchen für die Belüftungsklappen hat vermutlich die Tagesmutter entsorgt, weil es im Wohnzimmer herumlag, wo es möglicherweise von den kleinen Brüdern verschluckt werden konnte. Wo das Positive bleibt? Zumindest hinsichtlich der Spielzeug-Lagerung kann ich jetzt behaupten, dass ich auf die Lego-Kiste meines ältesten Sohnes lebenslange Garantie habe. Welche kluge Hausfrau kann das schon von sich behaupten?

ZEN UND DIE KUNST, EINEN KINDERWAGEN ZU SCHIEBEN

Selbst aus kulturgeschichtlicher Perspektive ist ein Kinderwagen ein vergleichsweise schlichtes Gefährt: ein mehr oder weniger eckiger Kasten mit zumeist vier Rädern und einem Griff zum Schieben. Eigentlich kein großes Ding, sollte man meinen – jede einigermaßen vernünftige Seifenkiste verlangt nach mehr Konstruktions-Raffinesse. Und doch: Der Kinderwagen ist komplizierter, als dies auf den ersten Blick scheint (und dies zeigt sich nicht erst, wenn Papa versucht, das Monsterding zusammenzuklappen, um es in den Familien-Kombi zu wuchten). Es geht im Wesentlichen um die Schiebetechnik, genauer: die unterschiedlichen Schiebetechniken unserer Zeit. Wer auf deutschen Straßen lang genug zuschaut, kann bald schon die unterschiedlichen Typen unterscheiden, die sich in der Kunst versuchen, einen Kinderwagen zu schieben. Voilà.

Die Telefonierende: Sie stellt inzwischen wohl die zahlenmäßig stärkste Fraktion – die eine Hand am Kinderwagen, die andere am Handy. Diese Mutter ist entweder nebenbei berufstätig und muss wichtige Dinge klären, meistens allerdings spricht sie mit Mutter oder bester Freundin (zuweilen bekanntlich vereint in einer Person). Ihr Anblick hinterlässt oft ein wenig Mitleid (vermutlich eine Mutter mit Mehrfachbelastung) – ich selbst stelle mir oft vor, dass im Wagen das Kind ebenfalls mit einem Handy am Ohr hantiert. Vielleicht sprechen beide ja gerade miteinander.

Die Stolze: Dieser Typus ist leider immer seltener zu beobachten, sein Auftreten soll vermitteln: Schaut her! Ich bin eine Mutter! Eine Mutter! Und das da: Das ist mein Kind! Ein tolles Kind! Ha! Aus dem Weg! Diese Mütter sehen übrigens nicht nur stolz aus, sondern meistens auch ausgeschlafen, gut angezogen, so gar nicht gestresst. Bewundernswert.

Die Erschöpfte: Ich selbst würde mich wohl zumeist der Kategorie der Erschöpften zuordnen. Ihr Schritt ist langsam, zuweilen tastend, fast könnte man meinen, der Kinderwagen zieht mehr die Mutter, als dass diese ihn schiebt. Mangelnder Schlaf oder renitente ältere Geschwisterkinder haben ihr Nervenkostüm über Wochen und Monate durchlöchert; das Handy hat sie ausgeschaltet. Zuweilen trägt sie auch bei bedecktem Himmel eine tiefschwarze Sonnenbrille, weshalb sie vor allem bei nachlässig gekämmten Haaren unfreiwillig ein bisschen an die missmutige Verena Becker auf den alten RAF-Fahndungsplakaten erinnert.

Die großstädtisch Pausierende: Ihr Schieben ist ein Sitzen: Diese Mutter sitzt im Café, bestellt ihren Soja Latte und hofft, dass das Kind im Wagen noch möglichst lange schläft. Mit ihrer Freundin spricht sie nach meinem Empfinden ein wenig zu spöttisch über die berufstätigen Mütter und dann doch wieder ernster über die Frage, in welcher Farbe sie gern das Wohnzimmer streichen würde (wenn ihr Mann da nicht so bockig wäre). Ansonsten würde sie am liebsten auf dem Land leben, so wegen der Luft und der Menschen und der Einfachheit und so (dass es da zuweilen furchtbar weit ist bis zum nächsten Soja Latte, ist ihr wahrscheinlich nicht gegenwärtig). »Aber nach Berlin würdest du auch gehen, oder?« »Nach Berlin? Klar! Sooo-fort!«

Die Rasende: Schnell hingucken heißt es bei dem rasenden Typus, der den Kinderwagen als Sportgerät interpretiert und mit dem wehrlosen Nachwuchs zum Joggen aufbricht. Diese Zeitgenossen sind ordentlich durchgestylt und schieben ein sportliches Dreirad-Modell mit großen Rädern vor sich her. Richtig entspannt wirken sie allerdings nicht (und für die Kinder ist das Durch-die-Welt-Rasen vermutlich mit Fernsehen zu vergleichen – Entschleunigung im Kindesalter geht jedenfalls anders); im Grunde fliehen sie vor dem Alter oder der häuslichen Langeweile. Allzu oft vor beidem.

Der Abwesende: Nur Männer scheinen indes in der Lage zu sein, einen Kinderwagen zu schieben und dabei glaubhaft den Eindruck zu erwecken, sie seien gerade woanders und mit etwas furchtbar Wichtigem beschäftigt (etwa verunsicherten Rentnern hemmungslos irgendwelche Schiffsanleihen zu verkaufen, die erst in 30 Jahren erste Gewinne abwerfen). Wer dem Abwesenden lange genug zuschaut, hat in bestimmten Momenten Angst, er und das Kind könnten beim Überqueren einer Straße verunglücken, weshalb die Mutter ihn auch nur in absoluten Ausnahmefällen allein mit dem Nachwuchs rauslässt.

Der Bemühte: Der bemühte Typus – ebenfalls ein Mann – ist da ein ganz anderes Kaliber: Er schaut permanent auf den Nachwuchs, muss sich zuweilen bücken, um unter das Verdeck sehen und ihn kontrollieren zu können – er ist mit gewissen Abstrichen die männliche Variante der »Stolzen«, verfügt aber nicht über deren Souveränität. Bei Engpässen auf dem Bürgersteig manövriert er demonstrativ aufwendig, zieht dabei die Augenbrauen hoch und schüttelt zuweilen wissend-mitleidig, aber kaum wahrnehmbar den Kopf, wenn die Mitmenschen wieder einmal nicht so clever agieren, wie er es erkennbar mit dem Kinderwagen tut. Und niemand setzt an Bürgersteigkanten die Räder des Gefährts so behutsam auf wie er. Im Grunde seines Herzens ist der Bemühte ein zutiefst unsicherer Vater, aber weithin harmlos.

Ach ja: Eine wirklich gute Mutter verwendet ohnehin nur das Tragetuch …

DAS LEBEN IST KEIN KINDERGEBURTSTAG

Haben Sie zuweilen das Gefühl, dass Sie die falschen Leute kennen? Ich weiß, nach einiger Zeit vergeht es wieder, und man bewegt sich ganz entspannt im gewohnten Kreis von Freunden, Bekannten und Arbeitskollegen. Aber könnte dieser Zweifel nicht ein leiser Gruß aus weit entfernten Kindertagen sein? Könnte es sein, dass Sie sozusagen frühkindlich ein gestörtes Sozialverhalten eingeübt haben? Womit wir mit ein wenig gedanklicher Leichtigkeit beim in vieler Hinsicht schwierigen Thema Kindergeburtstag wären. Noch vor wenigen Jahren hätte ich es nicht geglaubt, aber ein solcher Kindergeburtstag hat in vieler Hinsicht massiven Zwangscharakter. Dazu zählt der Zwang, bestimmte Kinder einladen zu müssen – auch wenn das Geburtstagskind das vielleicht gar nicht will. Stimmt nicht? Ach was.

Jede Mutter kennt das: Der Geburtstag naht, und die Gästeliste wird entworfen. Jedes Kind hat da Wünsche, und zwar immer zu viele. Die weithin akzeptierte Faustregel hilft hier weiter, dass pro absolviertem Lebensjahr ein Kind eingeladen werden darf. Das setzt der

Veranstaltungsgröße den erhofften Rahmen, sorgt aber im Vorfeld für heftige Debatten, wen das Kind denn nun einladen darf und wen nicht. Wer schon im Kindergartenalter offiziell von einer Erziehung zur Freiheit spricht, wird spätestens jetzt zum Despoten: Nichts ist es mit der Freiheit der Einladungen, eine gute Mutter muss hier regulierend eingreifen. Dazu gehört der mahnende Hinweis, doch bitte auch an all die Kinder zu denken, zu denen man selbst einmal im Verlauf des vergangenen Lebensjahres zum Wiegenfest eingeladen war. »Egal, Konstantin hat dich damals eingeladen, also kommt er auch zu dir. Das gehört sich so.« Kann es sein, dass aufgrund dieser Erfahrungen die wirklich gelungenen Feste des Lebens die spontanen sind, die frei von solchen Konventionen und anderen quälenden Fragen sind (wie jener, wer nun welchen Waffelteig mitbringt)?

Aber zurück zum jährlich schönsten Tag des Kinderlebens. Einfach nur ein Fest schmeißen, das musste ich selbst rasch erkennen, ist längst nicht mehr zeitgemäß. Hinweise auf die eigenen Kindergeburtstage helfen da meist nicht weiter. Sicher, einige der alten Spiele von damals haben überlebt – Topfschlagen gibt es immer noch und macht auch immer noch einen Heidenlärm und entsprechenden Spaß, bis jemand aus Versehen eins mit dem Kochlöffel übergebraten bekommt. Dann kippt die Stimmung erfahrungsgemäß ziemlich schnell, was aber auf einem Kindergeburtstag ohnehin geschieht. Eine Mutter erklärte mir mal aus eigener Erfahrung, dass während eines ordentlichen Kindergeburtstags das Geburtstagskind mindestens einmal eine mittelschwere Krise inklusive Wutausbruch und Tränen erleiden muss. Das erinnerte mich dann doch wieder an früher.

Kommen wir zu den Neuerungen unserer Zeit. Unlängst planten wir den Geburtstag für unseren Siebenjährigen. Das Thema Zirkus hatten wir im Jahr zuvor schon, und davor hatten wir bereits einen Puppenspieler kommen lassen – kurzum: Es mussten neue Ideen her. Da war es schon eine Erleichterung, dass zumindest die Einladungskarten bereits fertig waren (und jedes Jahr frage ich mich erneut, wie man denn nun »Bescheid« schreibt, weil die Kinder ja »Bescheid« sagen sollen, ob sie kommen – groß oder klein?), so konnte das Thema des Tages eingekreist werden. Indianer? Piraten? Entdecker? EU-Währungskommissar? Nicht immer hat man so viele gute Ideen, weshalb längst die professionellen Anbieter weiterhelfen. Auch mir? Ich schaute ins Internet. Rasch stieß ich auf einen Geburtstagsshop, der nach eigenen Angaben nicht nur die »altbewährten Deko-Klassiker wie Girlanden, Luftballons oder Papierschlangen« bietet, sondern auch »farbenfrohe Pinatas aus Mexiko«, der Tortenauflagen mit Namen und Foto (!) des Jubilars druckt oder Glitzertattoos auf die kindlichen Körper zaubert. »Alles mit einem Ziel«, so heißt es weiter in dem Angebot: »den schönsten Kindergeburtstag aller Zeiten zu planen.«

Ich weiß nicht, warum, aber ein wenig fühlte ich mich unter Druck gesetzt. Was halfen mir die schönsten Accessoires (Einladungen, Dekoration, Speisen, Spiele, Mitgebsel), wenn das Event selbst nicht zeitgemäß würde? Sogenannte »Kindergeburtstagsmacher« aus dem Netz jagten mir einen Schrecken ein: Die Ansprüche der Kids (Eltern, die »Kids« sagen, haben nach meiner Erfahrung meistens Schwierigkeiten mit dem eigenen Alter, aber egal) stiegen schließlich, hieß es da. Und weiter: Wenn moderne Kinder (moderne Kinder!) heute zum Geburtstags einladen, dann müsse es eben ein ganz besonderes Event sein. Sollte ich also gleich eines der angebotenen Rundum-Glücklich-Pakete erwerben? Zwischen 400 und 600 Euro wären wir dann los, aber sollte das Kind uns das nicht wert sein? Und überhaupt: Passten wir nicht absolut in das Anforderungsprofil dieser Anbieter? »Sind Sie anspruchsvoll und suchen die beste Dienstleistung?« Aber sicher. »Sind Sie beruflich stark eingebunden und gehören zu der Gruppe von Berufstätigen, die wenig Freizeit haben?« Und wie (wobei ich denke, dass mein Sparkassen-Berater auch so spricht, und der will ja letztlich auch immer nur Geld von mir). »Keine Idee, was Sie für einen guten Kindergeburtstag brauchen?« Na ja, ganz so schlimm ist es jetzt auch wieder nicht. »Fehlt die Kreativität?« Na, jetzt ist aber mal gut. Fehlende Kreativität? Bei uns? »Wir machen einfach ein Piratenfest«, ruft meine Frau durchs Haus. Genau! Ein Piratenfest! Hah – jetzt zeigen wir euch mal, wie kreativ wir sind. Selber Kindergeburtstagsmacher!

Um es kurz zu machen: Es wurde toll! Wir hatten

viel Spaß, keine Tränen, und keinem Kind ist bei Kuchen, Würstchen und Nudelsalat wirklich dramatisch schlecht geworden. Und die Krönung war die Schnitzeljagd, an deren dramatischem Ende ich mich als verkleideter Piratenkapitän in einem verwilderten Grundstück in der Nachbarschaft verstecken musste, um die kleinen Seeräuber dem Anlass angemessen erschrecken zu können. Zugegebenermaßen hatte ich bei der Beschaffung der Verkleidung ein wenig geschlurrt, weshalb ich erst am Tag des Festes in den Keller steigen und nach passender Kostümierung suchen konnte. Leider hatten wir keinen Piratenkapitän im Fundus, weshalb ich mich notgedrungen für die Ausstattung einer spanischen Tanzerin entschied: Die schwarzen langen Haare standen mir ganz gut, und ein langes rotes Tuch war als wildes Stirnband auch nicht ohne Wirkung, sodass ein etwas zwickendes Bolero-Jäckchen und die schmerzhaft kleinen Stiefelchen sich ertragen ließen. Ich zog mir die dreckigste Jeans an, band mir noch einen alten Gürtel quer über die Brust, griff nach einem langen Stock und hockte mich hinter den Zaun des verwilderten Grundstücks. Ich wartete. Die Geburtstagsgesellschaft verspätete sich. Es nieselte. Und ich wartete immer noch. Dann machte ich probehalber schon einmal ein grimmiges Piratengesicht. Klappte gut. Dann noch grimmiger. Dann fing ich an, wüste Beschimpfungen von mir zu geben. Ach ja, ich musste ja betrunken sein – also lallte ich. Dann fluchte ich laut. Und dann ging eine ältere Dame vorbei. Sie schaute verängstigt. »Keine

Angst«, lallte ich, »es ist nur ein Kindergeburtstag.« Ich knurrte, sie beschleunigte. Bald kamen die Kinder. Ich war erleichtert.

Es wurde wieder einmal ein tolles Fest, und froh gelaunt zogen die Gäste mit ihren obligatorischen Mitgebseln heim. Der Rest war wie immer: Nur wenige Augenblicke später, als sich der Abend mit seiner ihm eigenen majestätischen Stille über das eben noch so chaotische Haus gelegt hat, liegt auch das Geburtstagskind, nämlich in seinem Bett. Völlig geschafft. Und selig. Es lächelt noch mal, flüstert mit letzter Kraft »Das war sooo schön«, dann fallen ihm die Augen zu. Wer jetzt am Bettchen steht, hält ein Stück Glück in den Händen.

Gerade beim Thema Kindergeburtstag stellt sich für Mütter und Väter ja die Frage, ob sie den Ansprüchen des Kindes, seiner Freunde und überhaupt den Anforderungen unserer Zeit gerecht geworden sind – wir denken nur an die Mahnung der Kindergeburtstagsmacher, wonach moderne Kinder eben nach einem besonderen Event verlangen. Alles richtig gemacht? Was meinen die anderen Mütter? Sagt wenigstens eine hinterher, wie gut er war, der Kindergeburtstag nämlich? Solche Reaktionen sind nicht unwichtig, denn die zwischen Beruf, Familie und vielfältigsten Ansprüchen eingeklemmte Mutter wird in der Regel von einem eigentümlich schlechten Gewissen begleitet. So wie früher der Schatten der Ariel-Klementine, die immer fragte, ob die saubere Wäsche denn auch wirklich rein sei. Hast du wirklich genug für dein Kind getan? Wirklich alles? Oder liegt etwa ein Grauschleier über deinem Werk?

Hinter solchen Selbstzweifeln erhebt der alte Vorwurf der »Rabenmutter« sein grässliches Haupt: die lieblose Mutter, die sich nicht den Konventionen der Gesellschaft entsprechend um den Nachwuchs kümmert. Die – nennen wir es doch mal beim Namen – Schlampe, die sich selbst am wichtigsten ist und dafür die Kleinen vernachlässigt. Für Väter ist es von Vorteil, dass dieser Begriff nur in seiner weiblichen Form vorkommt. Den »Rabenvater« kennt zwar (wie ich überrascht feststellte) der Duden, aber im Alltag ist diese Formulierung fast nicht existent – das schlechte Gewissen ist zumindest in dieser Hinsicht weiblich. Hinter dem Vorwurf der Rabenmutter steht – was für den Historiker von besonderer Bedeutung ist – immer eine, wenngleich ungelenke, geschichtliche Analyse. Ihr Format sind die sogenannten »Früher«-Konstruktionen: »Früher wusste eine Mutter noch, was sie in einem solchen Fall zu tun hat.« Oder: »Früher hätte eine Mutter sich so etwas nicht getraut.«

Was genau nun früher eigentlich besser gewesen sein soll, hängt dann sehr vom jeweiligen kommunikativen Einzelfall ab. Ich kenne diese Vorwürfe noch aus meiner Schulzeit, in der unsere Lehrer unsere langen Haare entsprechend kommentierten: »Früher hätte es so was nicht gegeben«, einige – sagen wir mal vorsichtig – konservative Lehrkräfte empfahlen uns ganz in der Tradition von früher auch schon mal das gute alte Arbeitslager. Später im Zivildienst schleppte ich im Schweiße meines Angesichts so manch alten übergewichtigen Mann aus der vierten Etage herunter, der mir dabei netterweise erklärte, dass es früher solche Drückeberger wie mich ja nicht gegeben hätte. Auf unser eigentliches Thema bezogen, kennen alle Mütter solche Früher-Konstruktionen wie »… waren die Kinder besser erzogen«, »… die Jungen nicht so frech«, »… die Mädchen ordentlicher angezogen (die kriegen doch einen Nierenschaden, wenn die so rumlaufen)«, und früher konnten selbstverständlich die Mütter noch kochen, und die Väter stellten sich natürlich ihrer Verantwortung (was das genau sein soll, wollen wir an dieser Stelle mal lieber nicht diskutieren).

Bei der genaueren Betrachtung der Früher-Konstruktionen zeigt sich rasch, dass es zwischen Adressaten und Empfänger eigentlich immer ein Altersgefälle gibt: Der Hinweis auf diese einst doch besseren Zeiten (in denen Mütter eben noch wussten, wo sie hingehörten) kommt zumeist von den Älteren, und er richtet sich an die zu Belehrenden, die notwendigerweise die Jüngeren sind. Ich will an dieser Stelle bewusst nicht von Schwiegermüttern sprechen – davon muss ein eigenes Kapitel handeln –, sondern von all jenen, die uns an Lebensjahren und Erfahrung voraus sind. Wir wollen gerecht sein: Ihre Hinweise können für die junge Mutter fraglos gut und wichtig sein. Müssen sie aber nicht. Gerade dann nicht, wenn eine Früher-Belehrung auf offener Straße erteilt wird, gerne vor Publikum. Ich weiß, wovon ich rede. Mit Grausen erinnere ich mich an eine Szene, in der ich auf dem Bürgersteig eine ältere Dame auf einem Fahrrad anbrüllte, sie solle mich gefälligst in Ruhe lassen. Die Umstehenden schüttelten irritiert den Kopf. Sicherlich ein völlig überforderter Vater, das sieht man schon daran, dass das arme Wurm im Kinderwagen so weint. Armes Kind.

Dabei hatte alles ganz friedlich begonnen: Ich hatte mich an einem klaren Wintervormittag mit unserem Erstgeborenen auf den Weg zum täglichen Parkspaziergang gemacht. Eigentlich eine schöne Sache, wenn alles gut geht. Der Ausgang wurde allerdings ab dem Moment ein wenig anstrengend, als mein Sohn erste Unmutsäußerungen von sich gab. Schließlich weinte er, mal brüllte er, immer wieder abwechselnd, mit gefühlten sehr kurzen Pausen dazwischen. Die erste Bemerkung kam von einer älteren Dame. »Na, was hat er denn?«, fragte sie mitfühlend. Ich wusste es beim besten Willen nicht, konnte es aber als gute Mutter (die ich gerade zu werden beschlossen hatte) nicht zugeben – »es ist der Bauch«. Ach so. Die nächste Seniorin war ebenfalls besorgt. »Tut ihm was weh?« »Drei-Monats-Koliken!« Nach weiteren Rückfragen und zahlreichen Variationen an Antworten waren es beim Kleinen inzwischen sogar die Zähne (da war er gerade einmal sechs Wochen alt, was bei den geübten Beobachtern sicherlich nicht dazu beitrug, sie von meiner mütterlichen Kompetenz zu überzeugen). Längst hatte ich den Heimweg eingeschlagen, als das Finale anhob: Ein Rentnerehepaar nahm sich unserer an. »Das Kleine hat sicherlich Hunger«, belehrte sie mich. »Der hat gerade gegessen«, log ich. Der Ehemann sekundierte: »Dem Kleinen ist sicher zu kalt.« »Das Kind friert nicht«, rief ich ihm deutlich zu laut zu. Die beiden schauten irritiert und fragten noch, ob es ein Junge oder ein Mädchen sei. »Das wüsste ich auch manchmal gerne«, schob ich davon.

Fast hatte ich unser Heim erreicht, als die erwähnte ältere Dame auf dem Fahrrad unseren Weg kreuzte. Als hätte sie nur auf Vater und brüllendes Kind gewartet, zog sie zunächst die Augenbrauen hoch (früher müssen die Leute dieses vorwurfsvolle, stumme Hochziehen der Augenbrauen noch richtig gelernt haben, vermutlich war das zumindest in den Mädchenschulen kurz nach dem Krieg ein reguläres Schulfach). »Es ist un-ver-ant-wort-lich«, erklärte sie mir anschließend, »bei so einem Wetter das Kind ohne Handschuhe mit raus zu nehmen.« Andere Mütter werden verstehen, wie ich mich in diesem Moment fühlte. Ich war viel zu unsouverän, um ein nüchternes »Ja, Sie haben schon recht« zu murmeln, aber auch viel zu wenig emotional veranlagt, um in Tränen auszubrechen (»Sie ahnen ja gar nicht, was ich mit diesem Kind durchmache!«). So griff ich spontan zu der schlichtesten (weil männlichsten) aller möglichen Reaktionen und brüllte die Frau an, sie solle sich gefälligst um ihren eigenen … kümmern. Dann waren wir endlich daheim. Der Junge konnte was essen und sich aufwärmen, dann war alles wieder gut. Stille legte sich über das Haus. Am klaren Winterhimmel glaubte ich ein blasses Sternlein blinken zu sehen. Früher war mehr Lametta.

Nachsatz: Ich habe inzwischen an mir gearbeitet. Vor einigen Tagen war ich mit unseren Kindern einkaufen. Als wir an der Kasse standen, hustete einer der Jungs seinen tiefen, männlichen November-Husten, der einen Eineinhalbjährigen so richtig durchschüttelt. Eine

Dame drehte sich zu mir um und erklärte: »Das hört sich aber gar nicht gut an.« Ich lächelte, sagte freundlich: »Ja«, zählte innerlich bis zehn und war stolz auf mich.

OPERATION SPIELPLATZ

Wer über Mütter auf Spielplätzen schreiben will, kommt nicht umhin, über weite Strecken über Männer auf Spielplätzen zu schreiben – nur im direkten Vergleich wird deutlich, welche Einzigartigkeit dem mütterlichen Verhalten innewohnt. Fangen wir also mit den Vätern an: Den gröbsten von mir beobachteten kommunikativen Verstoß auf dem Spielplatz verdanke ich einem Vater. »Wenn du da runterfällst«, so rief dieser besorgte Erziehungsberechtigte seinem Zögling auf dem Klettergerüst zu, »dann versohle ich dir den Hintern.« (Das Originalzitat habe ich sogar sprachlich noch ein wenig entschärft, weil man die darin enthaltenen Worte ja eigentlich nicht verwenden sollte.) In diesem knappen Zuruf ist so ziemlich alles an pädagogischer Raffinesse versammelt, was der Herr Papa als Gelegenheitserzieher so zusammenkratzen kann: Eine simple Wenn-dann-Konstruktion, gepaart mit der Androhung körperlicher Züchtigung. Das ist wahre Autorität.

Vordergründig könnten wir die Väter als so etwas wie die Könige der Spielplätze betrachten – nicht nur, weil sie hier zuweilen wie die letzten absolutistischen Monarchen auftreten, sondern auch, weil sie tatsächlich in der Lage sind, diese kleine Welt allein durch ihr Auftreten und ihre Befehle umgehend zu verändern. Rasch ändert sich nämlich die Atmosphäre des gedankenlosen, ungeordneten Spiels der Kleinen, wenn ein selbst ernannter Friedrich der Große seine Anweisungen über das Areal hallen lässt (»Du musst dich fest-hal-ten!«, »Jetzt spring endlich!«, »Mann, Mann, Mann!«). Gern schreitet der erste Diener dieses Staates auch selbst zur Tat: »Warte, jetzt zeig' ich dir mal, wie das geht.«

Erst am vergangenen Wochenende (Wochenende ist übrigens das Stichwort: Dann sind die Väter auf den Spielplätzen und bringen mal so richtig Schwung in die verschlafene Einrichtung) durfte ich Augenzeuge werden, wie ein kleiner Junge in die Funktionsweise eines Klettergerüstes eingewiesen wurde. Eigentlich war die Aufgabe vergleichsweise einfach: Das nachgebaute Baumhaus mittels Leiter erklimmen und dann von oben an der Stange wieder runterrutschen. »Du musst das machen wie ein Feuerwehrmann!« Ob dieser Hinweis dem gut Fünfjährigen in für ihn sicher schwindelerregender Höhe helfen würde? Papa macht es vor, klettert hinauf, rutscht die Stange runter, drei-, viermal. »Jetzt du.« Vater und Sohn knien oben an der Stange (der Kleine hat erkennbar Angst); unten sitzt Mama mit der Digitalkamera und wartet auf das Bild des Tages. »Du musst die Beine um die Stange schlingen«, sagt Papa. Und: »Die Hände nicht zu fest, aber auch nicht zu locker.« »Du musst die rechte Hand zuerst nehmen«, ruft Mama von unten. »Welche Hand?« Der Knabe ist verunsichert, er versteht nichts mehr. Alle reden auf ihn ein, und zwar gleichzeitig. Dann rutscht statt seiner wieder Papa, die Eltern (übrigens erkennbar spätgebärende Akademiker, aber dazu an anderer Stelle mehr) sind nicht wirklich glücklich. Der Junge auch nicht. Einige Minuten später sehe ich die drei wieder: an den Turnstangen. Dort zeigt Papa, wie »Schweinebaumeln« geht (so nannten wir es jedenfalls früher, wenn man sich mit den Knien an die Stange hängt und kopfüber mit herunterhängenden Armen baumelt). Unter Ächzen schafft es Papa, die Turnstange zu erklimmen und sich schließlich baumeln zu lassen. Die herunterrutschende Sonntagskleidung gibt im Bauch- und Hüftbereich wenig Durchtrainiertes frei, dann fällt er runter.

Wenn mehrere Väter auf einem Spielplatz zusammenkommen, besteht übrigens auch die Chance auf einen richtigen männlichen Wettkampf, wie er inzwischen eine echte Seltenheit geworden ist. Damit niemand behauptet, ich würde mir das nur ausdenken, habe ich auf eine Meldung aus der »Westdeutschen Allgemeinen Zeitung« zurückgegriffen, die tief im Westen ein für das Ruhrgebiet vielleicht nicht typisches, aber stellvertretendes Ereignis wiedergegeben hat: Auf einem Spielplatz in Herne hatten sich zunächst einige der lieben Kleinen in die Haare bekommen (laut Zeitung – die Medien müssen ja immer übertreiben – schlugen sie aufeinander ein), dann schalteten sich die Mütter ein (ergriffen »Partei für ihre Kinder«), ehe sich schließlich »Väter, Anverwandte und Nachbarn eine Massenschlägerei lieferten«. Selbstredend konnte erst die Polizei dem wackeren Treiben ein Ende bereiten, wobei auch die am Ende nicht sagen konnte, ob die Kinder sich wieder vertragen hatten (was wahrscheinlich, aber eigentlich auch völlig egal gewesen sein dürfte).

Wie gut also, dass Kinder auch Mütter haben, die den Alltag des Spielplatzgeschäftes besorgen, frei von Massenschlägereien und sonntäglichen Schweinebaumel-Stunden. Sie verwenden ihre Energie lieber auf die Logistik. Dieses Wort ist angemessen, denn Vorbereitung und Realisierung eines Spielplatzbesuches sind zuweilen Operationen, von denen sich manch große internationale Unternehmen eine Scheibe abschneiden könnten. Der Hinweis, dass die in aller Regel von Männern geführt und also schlechter organisiert sind als Spielplatzmütter und dass es der Weltwirtschaft auch deshalb so schlecht geht, hilft an dieser Stelle zwar nicht weiter (jedenfalls der Weltwirtschaft), ist aber durchaus erhellend. Sagen wir es einmal so: Mütter gehen nicht auf den Spielplatz, sie organisieren Spielplatz. Ein Mann kommt vielleicht mit seinem Kind zufällig an einem Spielplatz vorbei – eine Mutter nimmt das Vorhaben Spielplatzbesuch ins Visier und setzt es generalstabsmäßig um. Auf deutschen Spielplätzen zeigt sich, dass Mütter in ihrem Organisationstalent und ihrer Tatkraft unschlagbar sind. Einer durchschnittlichen Mutter wäre so etwas Schludriges wie die vermurkste Bundeswehrreform eines Ministers Guttenberg (um einmal wahllos einen ehemaligen Minister herauszunehmen) niemals passiert – und nie würde sie so desorientiert wirken wie die ehemaligen Bundeswirtschaftsminister Glos oder Brüderle in Zeiten einer Krise.

Mutter hat alles dabei: Windeln, Tücher, Abfallbeutel. Ersatzkleidung, Mütze, Regenhose. Taschentücher, Sonnencreme, Nagelschere. Essen, Trinken, Knabbern; für die Kinder und für sich. Fotoapparat, Sandspielzeug, Erste-Hilfe-Päckchen. So ausgestattet, ist eigentlich – vielleicht mit Ausnahme der Landung von Außerirdischen – jeder möglichen Eventualität zu begegnen. Mama hat alles fest im Griff, sie ist der eigentliche Souverän des Geländes. Fast überflüssig zu erwähnen, dass ich mich selbst zuweilen als ziemlich lausige Spielplatzmutter entpuppte; meine größten Schnitzer waren die zumeist vergessenen Regenhosen. Das führte zwangsläufig entweder zu ständigen Debatten um das Nicht-Spielen-Dürfen (»Das ist zu matschig, und Papa hat die Regenhose nicht mitgenommen«) oder zu nassen Klamotten, die wiederum nach kurzer Zeit die lästige und peinliche Debatte »Jetzt-müssen-wir-wirklich-nach-Hause-sonst-erkältest-du-dich-auch-noch« auslöste. Unter den Blicken der anderen Mütter (denen ich auswich) hatte ich mich wieder einmal als Dilettant zu erkennen gegeben.

Aber eines Tages musste ich erfahren, dass das noch nicht die Höchststrafe war: Ich begleitete einen Freund mit seiner etwa vierjährigen Tochter auf den Spielplatz. Einige Eltern wissen, dass Vierjährige in gewissen Phasen manchmal etwas schwierig sein können.

An jenem Tag hatte das Kind jedenfalls so eine Phase, Papa konnte ihr nichts recht machen. Auf dem wegen des sonnigen Wetters prall gefüllten Kinderspielplatz reihte sich Quengelversuch an Quengelversuch, und dann holte das Mädchen zur Höchststrafe aus. Sie stellte sich auf die kleine Anhöhe und weinte in voller verfügbarer Lautstärke quer übers Gelände: »Buähh! Ich will zurück zu meiner Maaaama!« Nun ja, sie bekam umgehend ihren Willen – der Vater ging mit ihr, begleitet von den mitleidigen Blicken der Mütter. Die Machtverhältnisse auf dem Spielplatz waren geklärt. Wieder einmal. Operation Spielplatz ist fest in Frauenhand. Um es deutlicher zu sagen: Wenn Papa nächsten Sonntag beim Schweinebaumeln wieder auf die Nase fällt, hat Mama das Verbandspäckchen dabei.

KÖRPERWELTEN

Als ich mich neulich in der Küche bückte, platzte meine Jeans an einer Stelle, die ich hier nicht näher beschreiben will. Ich fand das unangemessen. Aber dieser unerfreuliche Vorgang soll uns ein Zeichen sein, einmal über die dahinter liegenden Ursachen nachzudenken. Da passt es ganz gut, dass wir gerade beim Thema Kinderspielplatz über Männer und Bewegungsfreude gesprochen haben (und dabei muss es ja nicht immer die Turnstange sein). Es geht um das Thema Körperlichkeit. Und zwar an dieser Stelle einmal ausdrücklich um die männliche Körperlichkeit. Eine solche gibt es nämlich – und dies vor allem zur Überraschung einiger Männer. Die wissen oft genug nicht, was an und in ihnen vorgeht – jedenfalls muss man diesen Eindruck haben, wenn man sich die Gespräche ihrer Frauen anhört.

Der männliche Körper scheint mir aus weiblicher Perspektive durchaus auch Vorteile zu haben, die wir hier nicht weiter vertiefen sollten, aber mit den Jahren scheint auch er – der männliche Körper – von ersten Verfallserscheinungen betroffen zu werden, die der weiblichen Aufmerksamkeit nicht entgehen. »Also, meiner bewegt sich ja viel zu wenig.« »Er sollte unbedingt mehr Sport machen.« »Gegen seinen Bauch muss er unbedingt was tun.« »Ich sage ja immer, er soll mal zum Arzt gehen.« – Diese kleine Sammlung weiblicher Aussprüche macht deutlich, dass das Wissen um die männliche Körperlichkeit in erster Linie weiblich ist: Sie sieht mangelnde Bewegung, hat Lösungsansätze und ahnt den richtigen Moment, einen Fachmann im weißen Kittel hinzuzuziehen.

Der Gerechtigkeit halber muss man an dieser Stelle darauf hinweisen, dass sich selbstverständlich auch Männer, wenn sie untereinander sind, über den weiblichen Körper als solchen unterhalten. Ich selbst habe dann und wann an solchen kleinen, oft zufällig entstandenen Diskussionsrunden teilgenommen. An Details will ich mich hier nicht erinnern, aber ich bin ziemlich sicher, dass dabei weniger die Defizite uns bekannter weiblicher Körper Gegenstand der Erörterung waren. Und ganz sicher ging es nicht um mögliche Handlungsoptionen zur Optimierung von noch Vorhandenem (Sport) oder gar um die Hinzuziehung ärztlicher Hilfe. Einem bösartigen Vorurteil entsprechend, könnte man jetzt sagen, dass Männer einfach ein bisschen schlichter sind – ich würde aus meiner Erfahrung sagen, sie sind deshalb irgendwie glücklicher. Ihr Verhalten erinnert mich ein wenig an das Thema Ernährung, wo wir ja ebenfalls eine, mit einem gewissen Pragmatismus gepaarte, Zufriedenheit der Männer diagnostizieren konnten. Vielleicht passt an diesem Punkt unserer Betrachtungen auch meine Erfahrung, dass andere Väter mir so gut wie nie erzählten, wie, wann und weshalb die Ehefrau schwanger wurde. Wenn man so will, nehmen sie den Vorgang hin (vielleicht ein bisschen leichtfertig?). Mütter sind da redefreudiger, weil offener. Wer warum nicht verhütet hat und welches Kind diesem Umstand sein Dasein verdankt – Mütter erzählen es. Wie rief mir doch eine alte Freundin zu, die ich nach Jahren auf offener Straße wiedertraf? »Da haben sie Jahre lang gesagt, mein Bolli sei zeugungsunfähig, und dann? Na? Zack – jetzt haben wir ein Mädchen.«

Es gibt Frauen, die ihren Männern Pflegeprodukte kaufen. Soziologisch betrachtet könnte man diesen Prozess als fürsorgliche Belagerung bezeichnen. Ein solcher scheint durchaus angemessen zu sein, denn beim Gros der Männer hält sich die Körperpflege hinsichtlich der Hinzuziehung kosmetischer Produkte in engen Grenzen. »Du solltest mal eine Feuchtigkeitscreme benutzen«, sagt sie irgendwann. »Deine Haut ist viel zu trocken.« »Ach was.« Einige Männer geben sich umgehend einsichtig, greifen dann aber in ihrer pflegerischen Orientierungslosigkeit naheliegenderweise in den Cremetopf der Gemahlin – was dazu führt, dass sie den ganzen Tag wie ihre eigene Frau riechen. Schön, wenn es sie nicht stört, mich hingegen bringt das schon ein wenig durcheinander (jedenfalls wenn ich die Ehefrau näher kenne). Andere Männer geben sich da selbstbewusster und kaufen sich selbst was Schönes für ihre Haut.

Ihre Phantasie reicht allerdings meistens nur bis zur Nivea-Creme, die sie dann mit starken Händen in solchen Mengen auftragen, dass sie schon von Weitem wie ein frisch gewickelter Babypo duften. Meinem großen Sohn gebe ich übrigens zuweilen etwas von meiner speziellen »Feuchtigkeitscreme für Männer« ab – aber davon erzähle ich inzwischen nur noch etwas verstohlen, weil einige Mütter deshalb schon über mich gekichert haben. Das fand ich dann ebenfalls unangemessen.

Zur männlichen Körperwelt und ihrer weiblichen Fürsorge zählt allerdings nicht nur die trockene Haut. Es gibt Frauen, die ihren Männern sogar die richtige Zahnpasta kaufen (»Die mit den Streifen magst du doch so gerne«). Und dann das weite Feld der Männerbekleidung. Wir müssen es uns eingestehen: Unter uns lebt ein Großteil von Männern, denen ihre Frauen sagen, was sie anziehen sollen. Gnädig erweckt die Gemahlin dabei zwar den Eindruck, sie berate ihn nur beiläufig, ob er dieses oder jenes Hemd nehmen soll, aber in Wirklichkeit lässt sie ihm aus purer Menschenliebe nur das Gefühl, er habe noch so etwas wie eine Mitsprachemöglichkeit. (Und hinter solchen Fragen wie »Wo ist denn eigentlich meine grüne Lodenjacke, die ich immer so gerne angezogen habe?« öffnet sich das große, weite, etwas unheimliche Feld der klammheimlichen Entsorgung längst überflüssiger Kleidungsstücke.)

Wenn wir diese umfassende Sorge für den männlichen Körper, seine Pflege und seine äußere Gestalt zusammennehmen, stellt sich automatisch die Frage, was diesen durchschnittlichen Mann hinsichtlich der Fremdversorgung eigentlich von einem kleinen Kind unterscheidet. Die Antwort ist ebenso einfach wie naheliegend: Mutti braucht ihn nicht mehr wickeln. Ansonsten wird er so lange bemuttert, bis er seine Sachen selber erledigen kann. Das kann dauern. Derweil sollten wir uns überlegen, ob wir unseren Mutter-Begriff nicht deutlich weiter auslegen. Ich glaube, die Zeit ist reif.

MÜTTER SCHIMPFEN MÜTTER

Es ist bereits kurz zur Sprache gekommen: Bascha Mika hat unlängst ein Buch geschrieben. Gut, werden Sie jetzt sagen, das gelingt auch wesentlich geringeren Geistern als der ehemaligen Chefredakteurin der »taz«. Aber lassen Sie es sich gesagt sein, es ist ein überaus spannendes Buch. Nicht nur, weil es den hübschen Titel »Die Feigheit der Frauen« trägt (das hätte ich mich als Mann nie getraut), sondern weil die Autorin darin nach Herzenslust auf andere Frauen schimpft. Nicht, dass ich das irgendwie gut fände oder mich gar heimlich daran erfreute, aber Bascha Mika tut dies auf eine erfrischend konsequente Weise: Die blöden Frauen schwafelten permanent von Emanzipation, und dass die anderen schuld seien, wenn es damit nicht klappt – aber was tun sie in Wirklichkeit selbst? Sie ließen sich von Liebe und Hormonen matt setzen, bekämen Kinder, fristeten dann ein Leben als Hausfrau und Mutter und ließen sich genüsslich von ihrem Mann aushalten. Stichworte: Hormonkomplott, Kümmerersyndrom, Komfortzone. Selbst schuld, schimpft die Autorin.

Warum erzähle ich von diesem Buch? Weil ich offen

oder heimlich mit Frau Mika sympathisiere? Nein, denn eigentlich geht es mir weniger um die Inhalte, sondern um die Emphase, mit der Frauen über Frauen sprechen. Denn das tut Bascha Mika ja in ihrem Buch. Ich wollte weiter dazulernen, gerade was die Frau-Frau-Kommunikation angeht, schließlich hatte ich eigene, höchst aufschlussreiche Erfahrungen gemacht. Anfangs fühlte ich mich nämlich im Kreis der anderen Mütter eigentümlich geborgen, Wärme und Behaglichkeit prägten meine Stimmung. Doch das wohlige Gefühl entsprang dabei keineswegs der großen Harmonie unter den lieben Schwestern Mütter, sondern oft genug nur meiner Unfähigkeit, tatsächlich vorhandene Disharmonien überhaupt wahrzunehmen (bei der Beschreibung der esoterischen Fähigkeiten der Frauen habe ich ja bereits kurz darauf hingewiesen). Also hörte und fühlte ich fortan genauer hin – Bascha Mika war mein Weckruf. Ich schreckte auf. Und was sah ich? Eine Schlangengrube.

Wollten wir das Phänomen konkretisieren, sollten wir dies meines Erachtens entlang der großen gesellschaftlichen Debatte »Kekse oder Kuchen« tun. Auch da war ich noch vor einigen Jahren völlig ahnungslos, heute sehe ich hier Strukturen, die die gesamte Kommunikation zwischen Müttern auf verständliche Art versinnbildlichen. Den Grundgegensatz Kekse – Kuchen gilt es dabei nicht vom Ergebnis her zu erforschen – so würden typischerweise Männer an das Thema herangehen, denen es egal ist, ob sie bei einer Veranstaltung zur Kaffeepause nun Kekse oder Kuchen gereicht bekommen, selbst zu einem Mettwurstbrötchen würden sie dankbar grunzend greifen, sich aber keine großartigen Gedanken über den ideologischen Überbau dieser Darreichung machen. Vielmehr geht es also bei dieser Frage um den Herstellungsprozess und letztlich um nichts weniger als die gedankliche Haltung, mit der die Backware einem Mitmenschen offeriert wird. Beides wird hierzulande unter Müttern debattiert, wobei der eigentliche Sprengsatz solcher und ähnlich gelagerter Auseinandersetzungen zumeist unausgesprochen bleibt – das wird gleich deutlich werden.

Nehmen wir ein beliebiges Fest in einem Kindergarten oder einer Schule. Es ist Elternabend. Vielleicht geht es gerade auf Weihnachten zu, man möchte es sich und den anderen so richtig gemütlich machen. Ein Fest wird geplant. Auf dem – so haben es die akkuraten Planungen samt langer Listen zum Eintragen gezeigt – gibt es reichlich zu essen (warmes Essen, Salate, Nachtisch) und zu trinken (Wasser, Apfelschorle, Bionade und Kaffee), fast könnte man meinen, es könnte zur Feier geschritten werden. Aber halt! »Wir brauchen noch was Süßes zwischendurch!« Genau! Kuchen. Oder Plätzchen. Oder beides? Als die Zurückhaltung der Eltern deutlich macht, dass eigentlich keiner so recht Lust hat, auch noch einen Kuchen zu backen, greift eine Mutter zur moralischen Keule. »Gut.« Pause. »Wenn sich niemand die Arbeit machen will, einen Kuchen zu backen, kaufen wir eben Kekse.« Wieder eine Pause. »Aber schön finde ich das ja nicht.« Noch längere Pause.

Dann leichte Unruhe. Naja, hmmh. Müssen wir wirklich jetzt auch noch Kuchen haben, ist doch genug zu essen da? »Müssen müssen wir gar nicht.« Und als reiche dieser Hinweis nicht schon, folgt bald darauf erwartungsgemäß das historische Argument, geradezu der Klassiker solcher Debatten: »Das war in den letzten Jahren immer so.« Jetzt wird es eng für die Kuchen-Verweigerer; die Gruppe ist gespalten in diejenigen, die nur ein paar gekaufte Kekse hinstellen wollen, und diejenigen, die sich mit letzter Kraft noch abringen können, einen Kuchen zu backen (»Leute, wir haben alle viel zu tun, da ist doch so ein Kuchen auch noch drin«). Die Diskussion zieht sich noch gefühlt bis Mitternacht hin, die Frage gute Mutter – böse Mutter steht jetzt unausgesprochen im Raum (das ist jener eben erwähnte Sprengsatz): Die gute Mutter schleppt sich noch nächtens an den Herd, um gedeckten Apfelkuchen zu machen, die Schlampe kauft nur ein paar Kekse. Eine humorvolle Bemerkung, so dachte ich, könnte der Situation doch nur guttun: »Wollen wir nicht einfach zwei Kisten Bier hinstellen? Damit macht man nie was falsch.«

Der Vorwurf der schlechten Mutter, wir haben das bereits gesehen, ist tendenziell weiblich. Du bist zu faul für einen Kuchen – deine Mitmenschen sind dir also egal. Deine Kinder dann vermutlich auch, oder? Wenn man so will, geht es bei solchen Debatten nicht um das Konkrete (also Keks und Kuchen), sondern um das große Ganze. Eigentlich um alles. Nach meinen Jahren unter Müttern bin ich inzwischen der Ansicht, dass deshalb substanzielle, offene und weiterführende Gespräche zwischen Eltern über Kinder und Kindererziehung eigentlich nicht zu führen sind. Kritik an den anderen Eltern verbietet sich ohnehin (weil man nicht in ihrer Haut steckt und sich stattdessen ruhig mehr um den eigenen Nachwuchs Gedanken machen sollte), aber schon das lockere Gespräch über einzelne Aspekte der Kindererziehung mündet letztlich immer in einen mehr oder weniger offen erkennbaren Konflikt, wer nun die richtige Mutter ist. Wer gut und wer schlecht ist.

Beispiele? »Meinem Jonathan gebe ich ja grundsätzlich nur selbst gekochte Breie, und nicht dieses gekaufte Zeug.« Das ist ein Ausgrenzungsargument – die Gekaufte-Gläschen-Mutter ist die Faule, die Gedankenlose, der die gesunde Ernährung des kleinen Wurms offenbar völlig egal ist. Wahrscheinlich gibt sie dem hilflosen Wesen schon zum Frühstück »Fruchtzwerge« – bah. Nächstes Beispiel Schulmedizin: »Unsere Charlotte wird nur homöopathisch behandelt, die soll nicht mit Chemie zugedröhnt werden.« Auch dieser Ausspruch ist ein klassisches kommunikatives Distanzierungsinstrument. Wir sind die Wissenden, ihr werft mit Tabletten um euch wie noch die Eltern in den 60er Jahren. Unverantwortlich! Nächste Steigerung: Impfen. »Wir impfen ja gar nicht, weil w i r wissen, wie wichtig Kinderkrankheiten für das weitere Leben sind.« Zwei Welten stehen sich gegenüber. Echte Gespräche sind aussichtslos. Und die Liste der Themen ist lang: Fernsehen, Grenzen setzen, Plastikspielzeug, Süßigkeiten …

Solange Mütter einen gemeinsamen erzieherischen Konsens teilen, sind sie beste Freundinnen. Ansonsten gilt, was ich in einer US-amerikanischen Studie gelesen habe: Demnach verhalten sich Frauen in Konkurrenzsituationen anders als Männer. Sehr viel häufiger als diese reagierten sie in solchen Fällen mit der Bildung von Allianzen, um einen unerwünschten Dritten oder Gegner auszuschließen. Während die Herren der Schöpfung noch ganz vordergründig auf physische Gewalt und offene verbale Aggression setzten, attackierten die Frauen mit ihren eigenen Waffen: Sie beschädigen den Ruf der Gegner, sie manipulieren oder versuchen, andere aus der Gruppe auszuschließen. Also, liebe Mitstreiterinnen: Bei der nächsten »Wer-backt-einen-Kuchen«-Aktion rasch die Finger hoch! Sonst gibt es Gruppen-Keile.

HERR H. ERKLÄRT DIE WELT. ODER: WESHALB ICH MICH NACH EINER RIESENWINDEL SEHNE

Gestern habe ich Post bekommen von meiner örtlichen Drogerie-Filiale (Sie wissen doch, die mit den Babybrei-Gläsern, an denen die Pfeile zum Richtigrumaufdrehen dran sind). Das Anschreiben stammt von einem Herrn A. H., der sich als »Teamleiter« der Filiale vorstellt. »Lieber Herr Dr. Bendikowski«, schrieb mir Herr H., »können Sie sich etwas Schöneres vorstellen, als die Entwicklung Ihres Babys hautnah, Tag für Tag, mitzuerleben?« Nun ja, durchzuckte mich kurz der Gedanke, ich könnte mir in manchen Momenten schon Schöneres vorstellen, aber darin kämen dann so Sachen vor wie ein endloser Strand mit Palmen oder gemächlich gerührte Drinks, leise Musik im Hintergrund, vielleicht eine fröhliche Schar exotischer Tänzerinnen, lebenslanges Elterngeld zum Höchstsatz oder einfach mal ein gutes Buch …

Aber ich glaube nicht, dass der Herr H. von der Drogerie-Kette darauf hinauswollte. So war es denn auch. Er wollte mir nämlich in Wirklichkeit keine Reise zu einem endlosen Strand schenken, sondern nur eine bestimmte Windelsorte aufschwatzen, Pampers nämlich (die kaufe ich ohnehin nicht, aber egal). Dazu biederte er sich mit diesem Schreiben bei mir und anderen Müttern an und ist immer noch bei dem, was man sich schöner halt nicht vorstellen könne angesichts des eigenen Babys: »Wie es große und kleine Abenteuer besteht und dabei riesige Fortschritte macht?« Holla, denke ich, will er mich in ein ernsthaftes Gespräch verwickeln? Aber jetzt nicht albern werden – sicherlich hat eine gut bezahlte Werbeagentur diesen Text geschrieben, ich sollte ihn dann doch bitte schön mit der gebotenen Aufmerksamkeit lesen. »In dieser vielleicht spannendsten Zeit ist es besonders wichtig, eine Windel zu haben, auf die man sich absolut verlassen kann.« Fragen über Fragen: Was ist die spannendste Zeit? Und für wen? Und was ist eine Windel, auf die »man« sich verlassen kann? Höre ich da schon das Gespenst der späten (männlichen?) Inkontinenz durch die Straßen schleichen, mit der »man« (!) sich früher oder später vielleicht doch auseinandersetzen muss? Besorgt lese ich weiter und stelle erleichtert fest, dass es weiterhin nur um Babys geht. Streng genommen um eine Windel, die »perfekt auf die Bedürfnisse Ihres Babys zugeschnitten« ist. Was das ist? Gehen wir ins Detail und versuchen, der Beschreibung sorgfältig zu folgen.

»Tagsüber braucht Ihr Liebling eine Windel, die mitspielt.« Wie blöd ist das denn? Mitspielen tun Eltern, Kinder oder erschreckte Haustiere! Aber Zellstoffprodukte? Ins Spiel gezerrt werden sie (Obacht, liebe Werbetexter! Passivkonstruktion!) doch höchstens dann, wenn die Kinder beim Wickeln in einem unbeobachteten Moment blitzschnell mit den kleinen süßen Händchen unter sich und damit mitten in die … greifen. Aber dieses Mitspielen meint der Teamleiter vermutlich nicht. »Nichts soll seine« – also Babys – »Entdeckungsreisen unterbrechen, erst recht keine Riesenwindel.« Was glaubt Herr H. eigentlich, worin ich meine Kinder einwickele? Sehe ich aus wie eine Mutter, die oben erwähnten Liebling in eine Ganzkörperwindel steckt, weil sie zu blöd ist, die richtige Größe zu kaufen? Oder die glaubt, dass nur die Windel sicher ist, wenn Baby sie sich bequem bis unter die Achseln ziehen kann, wenn es denn könnte? Überhaupt dieser ganze Sicherheitsbegriff: Ich kenne ja innere und äußere Sicherheit, die wird meines Wissen inzwischen irgendwo am Hindukusch verteidigt, aber können wir bei Windeln nicht lieber von »praktisch« oder »komfortabel« sprechen, vielleicht von »bequem«, »angenehm«? Oder meinetwegen auch einmal von »preiswert«?

Womit wir bei der wahren Absicht des Anschreibens wären. Meiner Drogerie geht es weniger um das Wohlbefinden meiner Jungs als vielmehr um die Pampers, die ich doch bitte jetzt kaufen soll, wofür ich selbstverständlich irgendwelche Bonuspunkte erhalte (was ich persönlich vom System der Bonuspunkte halte, möchte ich hier lieber nicht sagen. Aber vielleicht sollten sich die Suchtbeauftragten allmählich mal um die Wirkung dieser neuen Käuferdroge kümmern). Herr H. stellt mir irgendeine Ersparnis von drei Euro in Aussicht und verabschiedet sich dann. Nun gut, ich drehe den Flyer noch einmal um und erfreue mich, zwischen den bunten Bildern von vergnügt spielenden beziehungsweise entspannt (durch-!)schlafenden Babys, an zwei besonders schönen Text-Stellen. »Jedes Baby ist einzigartig«, steht da, was erstens mindestens die erwähnten drei Euro für das Phrasen-Schweinchen bedeutet, und zweitens haben die Werbeprofis vermutlich keine eineiigen Zwillinge zuhause. Ich lege den Flyer auf den Stapel mit Altpapier, da lacht mich zu guter Letzt die Botschaft an: »Eine Windel, die alles mitmacht. Für Babys, die alles wollen.« Genau solche Babys habe ich zuhause. Kannst du dir, liebe Drogerie-Kette, vorstellen, wie das ist mit kleinen Kindern, die den ganzen lieben langen Tag aber auch wirklich alles wollen? Was? Und weißt du auch, dass man mit diesen Kindern alles andere zu tun hat, als sich um euer »superabsorbierendes Material DryMax« oder anderen Hokuspokus zu kümmern? Und überhaupt: Meint ihr, ich würde euch diesen ganzen Werbesprech-Schnickschnack wirklich abnehmen? Haltet ihr mich eigentlich für blöd?

Ja. Genau das tun sie. Und so viele andere auch. Und deshalb erzähle ich überhaupt nur von dem Schreiben meiner Drogerie-Filiale. Es gibt einfach zu viele Menschen in diesem Land, die halten Mütter, nur weil sie Mütter sind, schlicht für blöd. Gut, einige Frauen haben phasenweise erkennbar Schwierigkeiten bei der Trennschärfe zwischen Mutter und Kind, weshalb sie selbst Kleidung tragen, auf der kleine Bärchen oder

Tiere prangen – aber die Gesamtmenge solcher zumeist temporärer Erscheinungen halte ich persönlich für vernachlässigenswert. Gerade die Werbebranche tut so, als durchwanderten die Mütter für Jahre ein tiefes Tal kollektiver Stilldemenz. Will man sie ansprechen, darf man von ihren Kindern nur von »Babys« oder »Lieblingen« sprechen, nur das Beste wollen, Sicherheit verbreiten und alles tun, damit Glück herrscht. Immer raus mit den Phrasen, möglichst griffige Zwei- bis Drei-Wort-Sätze. Ich sehe die Chef-Werbetexter deutlich vor Augen, die sich koffeinabhängig und übergewichtig in ihren ergonomischen Sesseln fläzen und der versammelten Texter-Mannschaft aus der »Irgendwas-mit-Medien«-Generation erklären, dass Mutti ohnehin immer müde und stilldement ist, weshalb sie ruhig so tun sollten, als würden sie für Doofe schreiben. »Fakten, Fakten, Fakten, Herrschaften. Aber immer schön einfach, einfach, einfach. Es sind nur Mütter.« Von Herrn H., seinen Werbetextern oder wer auch immer die Hintermänner sind, erfuhr ich übrigens, dass auch mein Baby eine Windel benötigt, »die die zarte Haut trocken hält«. Babys haben zarte Haut? Und die muss trocken bleiben? Wirklich? Ist Baby denn kein Fisch? Nein, nein, nein, muss ich eingestehen, ist es nicht.

Wenn ich eines Tages mal so richtig viel Mut habe, werde ich in meine Drogerie-Filiale gehen, wo sich der Teamleiter im Lager vermutlich gerade fotografieren lässt, während die Verkäuferinnen den Laden schmeißen. Und dann werde ich mich mitten ins Geschäft stellen und laut rufen: »Was ich für meinen Liebling jetzt brauche« – dann werden sich die Mitarbeiterinnen umdrehen – »für die großen und kleinen Abenteuer Tag für Tag« – jetzt werden Sie vielleicht beginnen zu tuscheln – »ist so eine richtig ordentliche, leistungsbereite, super männliche, bis unter die Achseln reichende – Riesenwindel!« Und ich werde mich besser fühlen. Aber auch wieder ein bisschen einsamer sein. Was meinen Sie, Herr H.?

MÜTTER, HAMSTER, SINGVÖGEL

Wenn ich an Mütter denke, muss ich notgedrungen immer auch an Tiere denken. Schließlich sind sie – also die Mütter – auf eine eigentümliche Weise umspielt von allen nur denkbaren Vier- und Mehrfachbeinern: nicht nur von heimischen Exemplaren wie Hunden und Katzen, Mäusen oder Eichhörnchen. Auch alle exotischen Exemplare sind Bestandteil ihres Alltags: Elefanten, Löwen oder Tiger, Giraffen, Affen und selbstverständlich Eisbären von groß bis klein (Lars!). Hinzu kommen die vielen Phantasietiere, deren Namen ich nicht kenne, die aber in wahnsinnig bunten Farben daherkommen und immer lustig herumtollen und unsere Welt noch verspielter machen. Die Faustregel lautet: Wo Kinder sind, sind auch Tiere; mal echte in Haus, Garten oder Zoo, mal Stofftiere, mal solche in Büchern und Heften, auf Schulranzen oder Anoraks. Animalisches überall. So weit, so gut. Fragt sich nur: Was macht das mit den Müttern?

Fangen wir ganz von vorne an, nämlich bei der ersten kindlichen Begeisterung für das befellte oder gefiederte Mitgeschöpf. »Sieh mal da, ein Vögelchen«, sorgt die

Mutter für die erste Einführung in die Fauna. Ich selbst füge manchmal noch ein nachahmendes »Tschiep-tschiep« hinzu, was in der Öffentlichkeit zugegebenermaßen manchmal etwas albern wirkt. Die Schönheit und der Reichtum der Tierwelt sind aber auch wirklich atemberaubend: »Schau, ein Eichhörnchen.« »Oh! Ein Igel!« Und die Kinder sind dankbare Zuschauer und Zuhörer (ich selbst mache für unsere Jungs gerne mal einen Elefanten nach, das aber möglichst nicht vor fremdem Publikum). Auch die Bilderbücher kommen bekanntlich nicht ohne die lieben Tiere aus, dabei stehen heimische Nutztiere erstaunlicherweise am Beginn des kindlichen Interesses (viele Eltern ahmen daheim Schafe und Ziegen, Kühe und Hunde nach), erst später rücken dann die Exoten in den Blickpunkt kindlicher Neugier.

Auch diese Heranführung an das exotische Tier ist Muttersache. Das wurde mir klar, als ich an einem wunderschönen sonnigen Sommervormittag bei uns im Zoo war. In diesem Moment war es dort so wie in vermutlich allen großen deutschen Tiergärten: Die Zahl der in Gefangenschaft gehaltenen Tiere wurde von der Zahl der anwesenden Mütter und Kinder deutlich übertroffen. (Ich habe lange überlegt, warum wohl Männer in einen Zoo gehen, und ich mache inzwischen uralte Instinkte der Menschheitsgeschichte dafür verantwortlich: Männer wollen das eingesperrte, also besiegte Tier sehen, um ein atavistisches Siegesgefühl zu erleben. Die benachteiligten Männer, die auf dem platten Land leben und keinen Zoo in der Nähe haben, werden deshalb Jäger – sie schießen für eben dieses Gefühl einfach Tiere über den Haufen.)

Gerade die eigentlich von Natur aus gefährlichen oder Eindruck heischenden Exemplare in den Tiergärten werden allerdings nach meinem Geschmack ein wenig zu sehr verniedlicht. Ich beobachte das immer entlang des Elefantengeheges in unserem Zoo, wo man die Dickhäuter füttern darf. Hier animieren Mütter ihre Kinder dazu, den Elefanten Möhren oder Sonstiges hinzuhalten und die für die Entwicklung angeblich so wichtigen haptischen Erfahrungen mit einem Tierrüssel zu machen. »Nun fühl doch mal, ganz weich«, wird dem Nachwuchs dann erklärt. Und: »Du brauchst wirklich keine Angst haben.« Was erstens so nicht stimmt (man sollte meines Erachtens aus grundsätzlichen Erwägungen einem so großen Tier nie vertrauen) und sich zweitens aus kindlicher Perspektive ganz anders darstellt (schließlich ist ein ausgewachsener Elefant wohl dreißigmal so groß wie ein Fünfjähriger – dem sollte er also nicht ungefragt an den Rüssel fassen). Die Betrachtung zum mütterlichen Zoobesuch wäre übrigens unvollständig ohne den naheliegenden Hinweis, dass Mutter dafür nicht nur ausreichend Tier-, sondern auch anderes Futter sowie das gesamte notwendige Rüstzeug für einen solchen Besuch dabeihat (inklusive des Erste-Hilfe-Sets, schließlich gelten hier die gleichen logistischen Herausforderungen und Leistungen wie auf dem Kinderspielplatz).

Das Zoo-Tier hat den unbestreitbaren Vorteil, dass man es nach dem Zoo-Besuch einfach hinter sich lassen kann. Dann wird es wieder eingesperrt und gefüttert, medizinisch versorgt, gekämmt, entlaust und was sonst noch alles so nötig ist. Was das im Detail ist, weiß im großen Stil nur der Tierpfleger, im Prinzip aber auch jede Mutter. Denn die hat ja zuhause nicht nur Mann und Kind(er) zu versorgen, sondern auch noch den einen oder anderen liebgewonnenen Mitesser. Denn irgendwann im Leben einer Mutter tritt fast unausweichlich ein Haustier in selbiges. Ein Kätzchen, ein kleiner süßer Hund, eine Feldmaus mit großen flehenden Augen. (Weitblickende Eltern überschlagen in solchen Momenten bewundernswert nüchtern die durchschnittliche Lebenserwartung von Hund, Kaninchen oder Hamster, damit das Tier bei aller Liebe möglichst spätestens dann tot ist, wenn das eigene Kind auszieht – kaum ein Sohn wird beispielsweise später freiwillig seinen längst an seniler Bettflucht leidenden Stallhasen mit ins Studentenwohnheim nehmen.)

So ein Haustier verändert für eine Mutter alles. Denn jetzt ist es schlagartig vorbei mit der mehr oder weniger funktionierenden Vereinbarkeit von Familie und Beruf. Jetzt gilt die noch viel herausforderndere Vereinbarkeit von Familie, Beruf und Tierhaltung. Tierhaltung ist in Deutschland (abgesehen von den ersten Wochen der Begeisterung, in denen sich die Kinder tatsächlich wie versprochen um den Hamster kümmern) tendenziell Müttersache. Außer es geht um die ganz, ganz wertvollen Tiere, Reptilien und eingeschmuggelte Raubtiere und so, die selbstverständlich in Männerhand groß und größer, noch wertvoller und noch gefährlicher werden, bis sie schließlich irgendwo am Niederrhein und dann in den Medien auftauchen, weil Herrchen wieder einmal zu schusselig war, den angeblichen Hochsicherheitskäfig zuzumachen.

Da Zoo- und Haustiere aus meiner Sicht den unbestreitbaren Vorteil haben, dass sie in aller Regel nicht frei herumlaufen (von unangeleinten, ungewollt welpenlosen Hündinnen und ihren ungelenken Formen der Kinderliebe einmal abgesehen), stellen sie rein quantitativ – und, wie ich fürchte, auch qualitativ – den zu vernachlässigenden Teil der mutter-kindlichen Tierwelt dar. Damit nähern wir uns der Welt der imaginären Tiere, der künstlichen Geschöpfe, die wir uns selbst geschaffen haben, um unsere Welt schöner und bunter zu machen. Mit zum Teil grauenhaften Folgen, wie ich meine. Zwei Beispiele sollen reichen. Erstes Beispiel: Denken Sie an Kinderkleidung, die ja bekanntlich prädestiniert ist für die Abbildung von Tieren. Mein Liebling der Grausamkeiten sind alberne Katzen, die von noch alberneren rosa Mädchen-T-Shirts herablächeln und allen Ernstes »Hello, Kitty« sagen. Wird so etwas der Schöpfung gerecht? (Und ich spreche hier noch gar nicht von dem Mädchen.)

Zweites Beispiel: Wenn Sie die Augen schließen und in Gedanken an der Fensterfront eines Kindergartens vorbeigehen, werden Sie die vielen lustigen, bunten, von ungelenker Kinderhand mühsam ausgeschnittenen, bemalten oder beklebten Tiere sehen. Frösche vielleicht, gerne auch Hühner oder Vögel (wegen der bunten Federn). Aber was sehen Sie wirklich? Schauen Sie genau hin: Es sind immer gleich 24 oder 32 von diesen süßen Fröschen, Hühnern oder Vögeln. Und: Sie sehen alle gleich aus. Wie geklont. Hier wurde nämlich penibel nach den künstlerisch-ästhetischen Vorgaben der Erzieherinnen gearbeitet (frühe expressionistische Versuche von Vierjährigen werden hier unduldsam unterdrückt – »Konstantin, ein Frosch ist doch nicht lila« –, was sicherlich einen der vielen Gründe für die derzeitige Armseligkeit der Bildenden Kunst in Deutschland darstellt). So stehen schließlich Huhn an Huhn in einer Reihe, Fenster an Fenster das gleiche, geklonte Federvieh. Finden Sie nicht auch? Solch ein Fensterschmuck ist sicher lieb gemeint, aber im Grunde nichts anderes als eine frühe, gestalterisch ungeschickte Eingewöhnung der Kinder in die Welt der Massentierhaltung.

In den Kindergärten geht das Tierische selbstverständlich weiter: Die Gruppen heißen fast überall nach Tieren, da gibt es die Frosch-Gruppe, die Pinguine oder Füchse, die Mäuse oder Hasen. Zur Tierwelt der Mütter zählen darüber hinaus die unglaublich vielen Tiere auf Windeln und Feuchtigkeitstüchern, auf Trinkflaschen und Lätzchen, eben auf allem, was für unseren Liebling gut sein soll. Apropos Liebling: Wir sollten bei unserer Betrachtung von Mutter und Tier nicht vergessen, dass auch zwischen Mann und Frau der Tiername als Kosename (mein Bärchen!) noch heute seinen festen Platz hat. Wenn ich mehr Mut hätte, würde ich bei einem Elternabend in der Schule einfach mal völlig überraschend und laut »Mausi!« in den Raum rufen – ich wette, ein gutes Drittel der Mütter würde sich umdrehen.

Aber zurück zu unserer Ausgangsfrage: Was macht diese Allgegenwart von Tieren mit den Müttern? Ich gebe zu, eine erschöpfende Antwort fällt mir schwer. Müsste ich sie geben, ich würde die Mütter wohl in zwei Gruppen teilen, die sehr unterschiedlich auf die animalische Präsenz reagieren: Die einen lieben Tiere, die anderen hassen sie. Erstere sind Reitlehrerinnen oder Pferdebesitzerinnen, sind mit Tieren aufgewachsen oder glauben an die Wiedergeburt, was sie sozusagen aus strategischer Klugheit dazu veranlasst, Hund, Katze, Maus mit einer auffallenden Höflichkeit zu begegnen. Die andere Gruppe dürfte meiner Ansicht nach größer sein, ihre Mitglieder wollen aber in aller Regel anonym bleiben. Sie haben schwer an dem gesellschaftlichen Grundkonsens zu tragen, dass eine deutsche Mutter ausschließlich lieben darf – sie darf, öffentlich, nicht hassen. Aber das tut sie still und heimlich, wenn sie nach einem übervollen Tag wieder mal das ebensolche Katzenklo entsorgen muss, den stinkenden Hamsterkäfig säubern und mit einem über die zarte Hand gestülpten, dem menschlichen Sein spottenden Plastiktütchen auf dem Bürgersteig das aufklauben muss, was kurze Zeit zuvor noch des Pudels Kern gewesen ist. Ich glaube, dass die Medizin sehr bald schon ein eigenes – vorrangig mütterliches – Krankheitsbild benennen wird, das weit über die uns heute bekannten Tier-Allergien hinausgeht. Mütter leiden an Tieren. Traurig, aber leider wahr. Und ich gebe zu, dass ich die Welt auch aus diesem Grund jetzt wieder ein wenig nüchterner sehe. Schade eigentlich.

Nachtrag: Wir haben die im Titel erwähnten Singvögel bislang unerwähnt gelassen. Das liegt wohl daran, dass sie die ganze Sache mit den Tieren noch weiter verkomplizieren – aber trotzdem sind sie für unser Verstehen hilfreich. Also: Die Pflege der Singvögel ist in diesem Land zumeist in männlicher Hand. Und das aus gutem Grund. Denn die dem Winter und dem Hunger ausgesetzten Piepmätze treffen mit ihrer jammervollen Existenz genau ins Herz männlicher Denk- und Verhaltensstrukturen. So appellieren sie – erstens – an den Handwerker im Mann, der bei den ersten Schneeflocken (jedes Jahr kommt der Winter für einen Mann völlig überraschend – »Wo sind eigentlich meine Handschuhe aus dem letzten Jahr?«) zu Säge und Hammer greift, um ein ordentliches Vogelhaus zu zimmern. (Wer nicht selber handwerkert, fährt wenigstens in den Baumarkt, was ja auch ein hoheitlich männlicher Akt ist.) Zweitens gibt der hungernde Wintervogel dem Mann die Möglichkeit, wieder einmal unter freiem Himmel eine Mahlzeit herzustellen – nun gut, er streut nur das Vogelfutter in das Häuschen, aber die Struktur des

Handelns ist mit der sommerlichen Zurichtung eines Fleischstückes auf dem Grill vor den Augen der bewundernd zuschauenden Familie absolut vergleichbar.

Und drittens – und das dürfte entscheidend sein – schenken die dankbar pickenden Vögelchen in dem Vogelhaus dem Mann im warmen Haus vor allem die Chance, wieder einmal als Weltendeuter zu glänzen. Umringt von der Schar seiner Lieben (also von Frau und Kindern), sitzt er entspannt im Sessel und gibt Antwort: »Papa, ist das da eine Amsel?« »Ein Grünfink?« »Ein Eichelhäher?« – Vater weiß Bescheid. Er kennt sie alle, die Tiere da draußen in der Wildnis. »Ihr müsst nur auf das Federkleid unterm Hals achten«, erklärt er, »und auf den Bürzel.« Und alle recken die Hälse, um es auch ja richtig zu sehen. »Ein Rotkehlchen«, verkündet er. Die Familie vernimmt es mit Stolz. Und von draußen hört sie noch ein ausdrucksstarkes »Tschiep, tschiep« (»Das heißt Danke in der Vogelsprache«, ergänzt Papa), dann dreht sich das Tierchen um, lächelt in sich hinein und fliegt satt in den dunklen Winterhimmel. Es war übrigens ein Dompfaff.

SPÄTGEBÄRENDE AKADEMIKERINNEN

Da wir ohnehin gerade bei den winterlichen Metaphern sind: Dünnes Eis ist bekanntlich dazu da, um sich darauf zu wagen. Also tun wir es und sprechen jetzt über spätgebärende Akademikerinnen. Wie so viele Phänomene unserer Zeit hat es sie wahrscheinlich auch früher schon gegeben, aber erst jetzt hat man eine so schöne Bezeichnung für sie gefunden, so dass sie ihren festen Platz in unseren Debatten über die deutsche Familie einnehmen konnten. In den überregionalen Feuilletons kann man immer wieder über sie lesen. Wie sie in den hippen Stadtteilen von Berlin oder Hamburg ihr Dasein zelebrieren und damit zumindest den Feuilletonisten ziemlich auf den Geist gehen (so ein bisschen geht das in Richtung Bascha Mika, die sich besonders darüber aufregen dürfte, wenn es sich gerade hoch qualifizierte Mütter in der von ihr skizzierten »Komfortzone« bequem machen). Doch um vordergründige Lifestyle-Debatten geht es hier ja nicht; wir wollen schließlich dem Phänomen selbst näherkommen. Wodurch also zeichnet sich eine spätgebärende Akademikerin aus? Und was ist eigentlich das Faszinierende an ihr?

Vordergründig könnte man meinen, das vergleichsweise höhere Alter bei der Geburt des Kindes sowie die formale Qualifikation (also der Mutter) seien die Kennzeichen dieser sozialen Formation. Aber das ist mir zu technisch gedacht. Nach meiner Erfahrung sind es vielmehr zwei Phänomene, die sich in dieser Gruppe von Müttern finden: Da ist erstens der frappierende Umstand, dass diese Frauen ganz, ganz vieles besser wissen als die anderen – ich spreche da gerne von »Kompetenzüberschuss«. Der erstreckt sich zunächst einmal auf alle Belange des eigentlichen Mutter-Seins: Ernährung, Kleidung, frühkindliche Bildung (ganz wichtig), Homöopathie und Yoga, Kekse oder Kuchen. Sodann ist die spätgebärende Akademikerin aber auch deutlich bewanderter in allem, was darüber hinausgeht: Sie kann die Strukturprobleme des deutschen Bildungswesens benennen, hat langjährige Erfahrungen in Mediation und Coaching (ich sage nur »niederlagenlose Konfliktbewältigung«), ist mehrsprachig (hat vielleicht einige Zeit im Ausland gelebt), beherrscht den Konjunktiv I (und legt selbstverständlich Wert darauf, dass er richtig angewendet wird), hat politische Erfahrung auf Landesebene und ist nebenher noch als Referentin einer Wohnbaugenossenschaft begehrt.

Dieser Kompetenzüberschuss führt uns zum zweiten Merkmal der spätgebärenden Akademikerin: zur Angst. Spätgebärende Akademikerinnen verbreiten Angst. Jedenfalls bei Männern, die in ihrer Mehrzahl ja nicht nur mit dem Konjunktiv I erhebliche Probleme haben, sondern überhaupt mit starken Frauen. Das ist nicht gut – für die Frauen. In diesem Fall: für die spätgebärende Akademikerin. Sie wird nämlich im Umkehrschluss einfach als »schwierig« verunglimpft. Schwierig! Ha! Nur weil sie eben über die Grundlagen der Epidemiologie mehr weiß als der Kinderarzt, der gerade seiner »Arzt-im-Praktikum«-Zeit entschlüpft ist? Nur weil sie hinsichtlich der motivationalen Bedingungen des Lernens bei Schülern kompetenter ist als die Junglehrerin mit ihrer piepsigen Stimme? Nur weil sie aufgrund ihrer Orchester-Erfahrung in Sydney den richtigen Zeitpunkt zum Wechsel des eigenen Kindes von der Violine zur Bratsche früher entdeckt als der Herr Musikstudent, der sich als verkanntes Genie geriert? Was? Das nennen Sie schwierig? Was soll denn dann Ihrer Meinung nach einfach sein? Sich bücken?

Kompetenzüberschuss und Angst-Produktion sind es, die diese Frauen im Gepäck haben, und sie sind deshalb nicht zu beneiden. Alle meckern an ihnen herum, nur weil sie etwas schlauer und erfahrener sind als diese Jungmütter. Das ist nicht nur ungerecht, sondern lenkt zu allem Überfluss davon ab, dass es ja zu der spätgebärenden Akademikerin sogar noch eine Steigerung gibt. Das ist nämlich der Mann an ihrer Seite: der spätgebärende Akademiker. Er ist das eigentliche Urgestein dieser Familienkonstellation, weil hoch qualifizierte Frauen erstens ohnehin nur in der Beziehung mit einem hoch qualifizierten Mann leben können (weil Männer die Last ihres Minderwertigkeitsgefühls an der Seite einer klugen und erfolgreichen Frau nicht ertragen könnten) und weil zweitens die Männer in einer Beziehung meistens sowieso älter sind als die Frauen. Und wer meint, spätgebärende Akademikerinnen seien kompliziert (ich würde ja eher sagen: herausfordernd), der hat keinen näheren Umgang mit spätgebärenden Akademikern. Sie haben wie ihre Frau die Welt gesehen, aber im Gegensatz zu ihr können nur sie von sich behaupten – weil sie ja ein Mann sind –, dass sie im Prinzip auch alles wissen (okay, das mit dem Rotkehlchen kann mal passieren, aber wir wollen es ihnen nachsehen). Mit ihnen zieht wahre Klugheit und Weisheit in jeden Elternabend ein, nur sie können diese einzigartige Stimmung von weltläufiger Gelassenheit und jung gebliebener Neugier verbreiten. Der spätgebärende Akademiker kann zuhören, sagt dann und wann weich: »Ich verstehe« oder »Ich verstehe das gut«. Früher nahm er (weiche) Drogen, heute greift er zu Nahrungsergänzungsmitteln. Ich gebe zu, ich habe es auch schon getan. Beides. Und beides hat nicht geholfen. Wahre Entspannung, so weiß ich heute, kommt eben von innen. Daran sollten wir immer denken, wenn wir es mal wieder mit spätgebärenden Akademikerinnen zu tun haben.

Übrigens: In diesem Kapitel ist ein Konjunktiv I versteckt. Wer ihn findet, darf ihn ausschneiden, bunt ausmalen und beim nächsten Elternabend rumzeigen.

MÄNNER HABEN ES LEICHTER

Jetzt stellen Sie sich einmal folgende Szene vor: Ich erblicke beim Einkaufen in der Fußgängerzone zwischen Gemüseladen und Änderungsschneiderin eine Mutter mit zwei kleinen Kindern, sagen wir einmal ein Jahr und drei Jahre alt. Der Größere tobt energiegeladen um sie herum, das Kleine weint, die Mutter hat Ränder unter den Augen. »Das finde ich ja toll«, würde ich sie begeistert ansprechen. »Sie kümmern sich also zuhause um die Kinder? Schaffen Sie das denn? Kochen und Wäsche waschen? Haben Sie wenigstens eine Hilfe im Haushalt, oder machen Sie alles allein? Und das mit den Windeln – ist Ihnen das nicht zu viel? Nein? Toll! Ganz großartig! Ihr Mann muss doch wa-a-a-h-nsinnig stolz auf Sie sein.« Längst wird sie mich mit großen, vielleicht erschrockenen Augen anschauen. Dann versucht sie, mit Karre und Kindern abzudrehen. »Also ich bewundere Sie«, kann ich der Flüchtenden noch hinterherrufen. »Ganz ehrlich, ich bewundere Sie!« – Nein, ganz ehrlich, so einen Auftritt dürfte ich nicht hinlegen, wollte ich nicht sozial auffällig werden. Kann ich aber auch gar nicht, weil ich ja nicht derjenige bin, der eine andere Mutter anspricht. Ich bin die Mutter, die angesprochen wird. Und für die stellt sich eine solche Situation zwangsläufig anders dar, vor allem, wenn sie ein Mann ist.

»Sie kümmern sich also zuhause um die Kinder?« So bin ich erst unlängst wieder angesprochen worden, als ich mit unseren drei Jungs von Geschäft zu Geschäft bummelte. Nun bin ich ja schon ein paar Jahre im Mutter-sein-Geschäft, weshalb ich mir ein gewisses Entspannt-und-locker-Wirken angewöhnt habe. »Ja, klar, macht doch Spaß«, antworte ich dann immer, wohl wissend, dass es eigentlich einer Mutter keinen Spaß macht, drei kleine Kinder samt Haushalt und schwer schuftendem Ehemann zuhause zu haben. »Schaffen Sie das denn? Kochen und Wäsche waschen?« Auch das Problem lächele ich klein, gebe aber zu, dass ich in der Tat eine Hilfe im Haushalt habe (dass die gleich zweimal in der Woche kommt und ich ohne sie absolut hilflos wäre, verschweige ich indes). So ernte ich mein finales, nur allzu angemessenes Lob: »Ganz großartig! Ihre Frau muss doch wa-a-a-h-nsinnig stolz auf Sie sein.« Bescheiden lächele ich: »Ja«, sage ich leise, »das ist sie wohl ein wenig.« Schönen Tag noch, der Vater verbeugt sich vor dem dankbaren Publikum, klaubt die Blumen auf und tritt ab.

So weit, so gut – wenn man denn auch nur ein wenig narzisstisch veranlagt ist. Aber die Sache ist selbstverständlich doch wieder ein bisschen komplizierter. Und: Es gibt einen Abgrund, und der tut sich nach meiner Erfahrung hinter der Frage nach den Windeln auf:

»Und das mit den Windeln – ist Ihnen das nicht zu viel? Nein? Toll! Ganz großartig!« Was ist denn das bloß für ein vergiftetes Lob? Was soll denn an den Windeln – gemeint ist ja wohl die Anwendung – schwierig sein? Kind hinlegen, Hose aus, Body auf, alte Windel ab, gegebenenfalls etwas wegwischen, neue Windel drum, alte in den Müll (notabene: Zinksalbe auf den wunden Po). Weshalb sollte mich das überfordern? Bin ich blöd? Oder sehe ich so aus? Nun werden manche sagen, ich solle mich bitte nicht so anstellen, und irgendwie haben sie ja auch recht. Aber bevor wir uns weiter in der Erkenntnis suhlen, dass es Männer als Mütter leichter haben, will ich zumindest festhalten, dass sie in ihrer Rolle unter einem permanenten Unfähigkeitsverdacht stehen. Von der Windelfrage einmal abgesehen denke ich nur an meine erwähnte winterliche Spießrutenfahrt mit dem Kinderwagen, die mir ältere Damen mit ihren Ratschlägen bescherten. Wie schnell Mütter in diese Unfähigkeitsverdachtsfalle stürzen können, musste ich vor einiger Zeit selbst erleben: Ich saß alleine in einem Linienbus (Wo waren da eigentlich meine Kinder gerade? Na, egal), als ich einen jungen Vater mit einem Kinderwagen einsteigen sah. Ich sah ihn mit dem Gefährt ungeschickt rangieren, hörte bald darauf den Säugling weinen und beobachtete die mehr oder weniger (also eigentlich: weniger) erfolgreichen Trostversuche des Vaters. »Na«, dachte ich, »ob er als Mann das wirklich schafft?« Noch heute schäme ich mich für diesen stummen Verrat am eigenen Geschlecht.

Kommen wir also lieber zu den erfreulichen Dingen des Lebens und damit zu der wärmenden Erkenntnis, dass Männer es als Mutter doch leichter haben. Von den Komplimenten anderer Frauen (und keineswegs nur von Müttern) sind sie irgendwann verwöhnt und weiten die Bedeutung ihrer bei Lichte betrachtet ja gar nicht so besonderen Existenz immer weiter aus. Die Geschicktesten unter ihnen verfügen bald über ein Repertoire an Floskeln, das ihnen in ihrem Alltag als stabile kommunikative Reling dient: »Also, ich möchte einfach sehen, wie meine Kinder aufwachsen« (das sollte mal eine Mutter sagen); »man muss sich als Eltern schließlich seiner Verantwortung stellen« (Spende fürs Phrasenschwein); »tja, neue Männer braucht das Land« (anbiedernd); »ich mache das gerne« (glatt gelogen). Wie auch immer, Hauptsache, sie lächeln dabei selbstzufrieden. Dann werden sie nicht nur gelobt (Männer wollen nichts auf der Welt mehr als gelobt werden), sondern auch noch bewundert (wenn Männer noch etwas auf der Welt mehr lieben als Lob, dann ist das Bewunderung).

Was das Schöne – und ich gebe zu: das eigentlich Gemeine – ist: Männer haben es sogar in ihren Fehlern leichter, die sie zwangsläufig im Umgang mit Kindern machen. Ich hörte von einem mir persönlich bekannten und ausweislich hoch begabten und gewissenhaften Vater, der einen Säugling ankleidete und sich dabei augenscheinlich mental so sehr in die Innigkeit des Vater-Sohn-Verhältnisses zurückgezogen hatte, dass erst die Mutter sehr viel später aufgrund überraschender taktiler Erfahrung feststellen musste, dass das Kind gar keine Windel anhatte. Verweist dieses Detail des Allzumenschlichen nicht in beindruckender Weise darauf, welche Freiräume sich Väter mit ihrer Gelassenheit zuweilen in der Enge des familiären Alltags erobern? »Was kostet die Welt? Einfach mal die Windel weglassen! Heißa! Das Leben ist ein Fest – und bleibt mir weg mit euren kleinbürgerlichen Zwängen, wir wollen es genießen!« Zu solchen Freiheiten sind eigentlich nur Väter in der Lage. Wir müssen sie an dieser Stelle einfach in Schutz nehmen: Sie denken halt immer an das Große und Ganze. Und so gesehen ist eine Windel (noch dazu eine vergessene!) doch nur ein winziges Sandkorn am Strand der Weltgeschichte, eine – pardon – zu vernachlässigende Größe. Männer wissen das.

Aber denken wir auch an die vielen anderen Erleichterungen, die sie im Zusammenleben mit Kindern erfahren. So ist der Umstand, dass Männer ihre Kinder nicht stillen können, bei Lichte betrachtet auch nichts anderes als ein stilles In-Schutz-Nehmen der Männer durch das gütige Schicksal – sie müssen es nicht tun, weil sie es beim besten Willen nicht können. Apropos müssen, es gibt auch noch andere Erleichterungen: Ohne in Details gehen zu wollen – aber das Wasserlassen mit einem Tragetuch inklusive Kind vor dem Bauch ist in einer bestimmten Haltung für Männer strukturell etwas einfacher. Sie ahnen sicher, was ich meine.

Besonders leicht haben es Männer bekanntlich, wenn

sie leiden. Ohnehin hat die Schöpfung ja nichts Herzzerreißenderes hervorgebracht als leidende Männer. Aber was ist dagegen erst der Mann als leidende Mutter. Kaum hat er einmal eine kurze Nacht hinter sich (eine!), durchstreift er den ganzen folgenden Tag mit tiefschwarzer Sonnenbrille, Drei-Tage-Bart und der tiefsten Stimme der Welt die Straßen unserer Städte. Er sieht aus wie der bessere Teil der Blues Brothers, bringt aber bei Weitem im Moment nicht ihren Humor auf. Sein Leid berührt uns. Unser Mitleid ist sein Lohn. Er ist unser Held. Wir lieben und bewundern ihn. Noch Fragen?

SCHALKE 05. ODER: GIB MICH DAS KÜGELCHEN

Eigentlich wollte ich über etwas sehr Ernstes sprechen, nämlich über Drogensucht im Allgemeinen und unsere Rolle als Mütter bei der Frühförderung derselben im Besonderen. Dabei standen – vielleicht auf den ersten Blick überraschend – die Kügelchen im Mittelpunkt meiner Betrachtungen, jene unschuldig dreinblickenden Globuli, die jede Mutter spätestens dann in die Hand nimmt, wenn sie das erste Mal der Herausforderung eines kranken Kindes begegnet. Die meisten Mütter – es sollen inzwischen zwei Drittel sein – machen ja schon in der Schwangerschaft erste Erfahrungen mit solchen und anderen Mittelchen, mit denen mehr oder weniger weise Hebammen heute nur allzu gern hantieren. (An dieser Stelle darf ich endlich einmal den Hinweis loswerden, dass über das sogenannte Moxen – bei dem mittels glimmender Räucherstäbchen, die zwischen die Zehen der Schwangeren gesteckt werden, ein Embryo in Steißlage dazu angeregt werden soll, sich zu drehen – vielleicht keine dokumentierten Nebenwirkungen bekannt sind. Allerdings dürfte es eine erhebliche Zahl von werdenden Vätern geben, denen bei dieser Anwendung in geschlossenen Räumen grauenhaft schlecht wird.) Von den Kügelchen geht also fraglos eine besondere Anziehungskraft auf Mütter aus. Und das, so habe ich den Eindruck, gilt auch für eine andere Kugel – den Fußball nämlich. Deshalb an dieser Stelle – bevor wir zur Drogensucht kommen – erst einmal zu dieser in Deutschland immer noch prominentesten aller Primitivsportarten.

Auch beim Fußball kann man eine Mut machende Entwicklung beobachten: Frauen erobern mehr und mehr auch diese bisherige Männerdomäne. Damit habe ich zunächst kein Problem, wenngleich ich mich dann mit den Jahren doch verstärkt frage, weshalb sich meine so feinfühligen und emotional intelligenten Mitmütter gerade für diesen Sport interessieren – genauer: ihn als einen geeigneten Sport für ihre Kinder ansehen, vor allem für die Jungen. Ich selber habe prinzipiell nichts gegen Fußball, bin sogar nach wie vor der Meinung, dass es sich im Prinzip um ein intelligentes Spiel handelt, in dem tatsächlich die klügere Spielweise und auch der klügere Spieler letztlich erfolgreich sein könnten. Könnten. Denn eigentlich stellt die Summe des bundesdeutschen Fußballspiels ein grauenhaftes Gekicke dar, dem allwochenendlich Millionen grölender und womöglich betrunkener Männer ihr lautstarkes Geleit geben. Sie werden alle wissen, dass diese Beurteilung nur maßvoll übertrieben ist – und sie lenkt den Blick wieder auf meine Ausgangsfrage: Warum treiben immer mehr Mütter ihre Kinder – und hier geht es wirklich einmal wieder vor allem um die Söhne – in die Arme dieser Sportart?

Wir alle haben in jungen Jahren Canettis »Masse und Macht« gelesen, deshalb ist es ja eigentlich klar, weshalb Jungen in den Sog des Fußballs geraten. Sie wollen dazugehören, sie wollen nicht nur mitreden können bei den üblichen anspruchsvollen Fan-Fachgesprächen der Großen (»Scheiß Werder Breee-men, wir singen scheiß Werder Breee-men …«). Deshalb zieht es sie schon mit Kindergartenfreunden zum örtlichen Fußballverein, wo sie die Jahre unter elf Freunden als wichtige Phase der Mannbarkeitswerdung erleben dürfen. Viele Knaben sollen aus mütterlicher (und hier ist der Zusatz wichtig: auch aus väterlicher) Perspektive dort zum echten Kerl werden. Überraschenderweise wird gerade für von Natur aus eher zurückhaltende Jungen der Fußball als so etwas wie die Schule der Nation angesehen. »Fußball ist halt ein Körperspiel«, »da muss man auch mal was einstecken« (wahlweise was »austeilen können«), und überhaupt sei das Leben keine Waldorfschule. »Nun schieß doch endlich – Manomanomanomannnn!!!« Längst stehen nicht nur Väter am Spielfeldrand, sondern (ich hatte oben auf die Mut machende gesellschaftliche Entwicklung hingewiesen) auch immer mehr Mütter. Gegen diese sind die Schwimmbadmütter an der Panoramascheibe die reinsten Klosterschülerinnen: Wo gebolzt wird, ist halt auch der Ton ein bisschen rauer. Statt Seepferdchen gibt's hier im besten Falle Pferdeküsse, auf jeden Fall ordentliche Tritte. Ist halt ein

Körperspiel. Und vielleicht das letzte nahezu geschlossen homophobe Körperspiel in Deutschland.

Schon vor einigen Jahren hat der Augsburger Sportpädagoge Helmut Altenberger eine Untersuchung über das Benehmen im Fußball durchgeführt und kam zu dem nicht weiter überraschenden Befund, dass der Fußball nicht uneingeschränkt als Schulsport empfohlen werden kann. Und die Diskussionen um das Leiden deutscher Schiedsrichter gerade in den unteren Ligen könnten Anlass zur Frage geben, ob auf und um den Fußballplatz herum tatsächlich die Kulturtechniken vermittelt werden, die wir als Mütter im Blick haben. Sicher, wenn ich an den Fußballplätzen unserer Umgebung vorbeikomme, ertappe ich mich dabei, dass ich manchen Trainer beneide, weil er noch eine echte Autorität ist. (Wo ja alle ständig davon reden, Kindern Grenzen setzen zu müssen, ist er damit so etwas wie ein heimliches Idol einer an Erziehungsfragen leidenden Elterngeneration.) Was der Trainer sagt, wird getan. Egal, ob es stimmig ist oder nicht. »Mann! Abge-ben! Du hättest den abgeben müssen!«, brüllt der Jugendtrainer seinen Spieler mitten im Spiel von der Seitenlinie an. Dieser hat indes seine Portion Erziehung zur Freiheit anscheinend schon irgendwo genossen und ruft zurück: »Wie soll ich das denn bitte schön machen? Da stand doch keiner frei!« Auch darauf hat der Trainer eine logische Antwort: »Ruhe! Hier wird nicht diskutiert!« Das müsste ich mich zuhause mal trauen, denke ich melancholisch – und ziehe weiter. Manchmal wäre ich auch gerne Trainer. Mit Trillerpfeife und: »So, Sportsfreunde, jetzt aber mal alle hergehört.«

Aber ich kann mich ein wenig trösten – denn zuhause bin ich vielleicht nicht Herr über den Ball, aber doch Herr über die Kügelchen. Womit wir nahezu unmerklich dann doch wieder bei der Homöopathie gelandet wären. Keine gute Mutter kommt heute ohne ein mehr oder weniger ansehnliches Arsenal an Globuli aus. Selbst in den Erste-Hilfe-Kästchen der Spielplatzmütter fehlen die Kügelchen nicht, und wenn ich mit unserem Ältesten eine Fahrradtour unternehme, habe ich meine Mittel der Wahl selbstverständlich immer dabei. Das entspannt und verleiht Sicherheit. So wie bei jeder Droge … Hupps, das wollte ich jetzt gar nicht schreiben (wenn das mein Homöopath erfährt, sieht das für unseren gemeinsamen Energiehaushalt gar nicht gut aus, fürchte ich). Nun ja, jetzt ist es raus: Immer mehr Kinder sind auf Kügelchen. Und wir Mütter auch. Wenn ein Kind fällt, kann es heutzutage fast gar nicht mehr richtig in Tränen ausbrechen, weil es sofort den Mund mit Arnica D 6 voll hat. Wie soll man da denn noch weinen können? Dann fallen doch die leckeren Kügelchen sofort wieder aus dem Mund. Erst mal ein Kügelchen. Und wenn das Kind Kopfweh hat? Oder Bauchweh? Sofort hat Mutter die richtigen Globuli zur Hand. »Hier, nimm erst einmal fünf, das hilft.« Und kurze Zeit später: »Na, hat's schon geholfen? Ich gebe dir jetzt jede halbe Stunde noch welche.« Aufmerksamkeit mit Saccharose-Überzug.

Der Siegeszug der Homöopathie in deutschen Kinderzimmern wird nach meiner Beobachtung begleitet von einer erstaunlichen Leichtfertigkeit im Umgang mit den Kügelchen. Hier darf anscheinend jeder einmal versuchen, was denn so helfen könnte. »Schadet ja nichts.« Wirklich? Warum nehmen wir sie denn, wenn sie nicht wirken? Eine Wirkung haben sie indes fraglos: Zumindest werden unsere Kinder in dem Glauben groß, dass das Leben so schlimm schon nicht werden wird, wenn man immer nur die richtigen Kügelchen zur Hand hat. Wahrscheinlich hat diese Entwicklung bereits den deutschen Fußball erreicht, einige dieser Supertalente könnten ja schon unsere Kinder mit Kügelchen-Erfahrungen sein. Jedenfalls sieht man diese Jogi-Löw-Generation der wohlerzogenen, sympathischen und klugen Jungs eigentlich nie mit den traditionellen Genussmitteln aus der Geschichte des Fußballs. Als ich in jungen Jahren selbst noch Fußball spielte, gehörten zum sonntäglichen Spiel aller Herrenmannschaften die Bierkisten – für Zuschauer wie Spieler. Und in lebhafter Erinnerung sind die Bilder etwa eines Mario Basler, der souverän zu einem ordentlichen Weizenbier greift, oder eines freiheitskämpferischen Paul Breitner mit einer wuchtigen Zigarre im Mundwinkel. Das waren Zeiten. Wenn unsere Jungnationalspieler heute gut draufkommen wollen, nehmen sie vermutlich Belladonna. Oder Pulsatilla. Und sie werden auch nicht mehr fit gespritzt, sie nehmen einen ordentlichen Happen Arnika. Das macht Mut, oder?

SONNTAGS IN DER KLEINEN STADT

Die Älteren werden sich vielleicht noch erinnern, dass ganz, ganz früher einmal so etwas wie eine Sonntagsruhe existierte. Da gab es Tage, an denen Kaufhäuser und Bäckereien geschlossen hatten, ohne dass Menschen verhungerten oder nackt herumliefen, an denen auf den Straßen und in manchen Häusern mehr Ruhe herrschte. Oft gingen die Menschen an diesem Tag sogar in die Kirche. Das ist heute arg aus der Mode gekommen, manch einer in meiner erweiterten Nachbarschaft jedenfalls hat das Gesangbuch längst gegen einen deutlich weniger melodiöseren, aber dafür ohrenbetörenden Laubpuster getauscht. Wenn es also draußen insgesamt stiller ist und nur der eine oder andere verträumte Puster sein Halleluja auf ein laubfreies Paradies röhrt, muss es Sonntag sein. Dachte ich bislang. Doch dann war ich am vergangenen Sonntag mit unserem Ältesten in der nächsten Kleinstadt im Schwimmbad. Und was soll ich sagen? Jetzt weiß ich endlich, woran man zweifelsohne einen Sonntagvormittag erkennt: Das Schwimmbad ist voller Väter. Ein Erlebnis!

Mir fiel gleich am Anfang auf, dass heute irgendetwas anders war – normalerweise gehe ich nur werktags ins Schwimmbad, wo ich ja wie erwähnt immer die anderen Schwimmbadmütter treffe. Schon am Drehkreuz beim Einlass wurde der feine Unterschied erkennbar: Da stauten sich Männer mit ihren Jungen, obwohl extra eine Angestellte des Schwimmbads abgeordnet worden war, um nur diesen an sich ja automatisierten Einlass zu begleiten (werktags klappt das immer ohne Stau). Der Unterschied zwischen Frauen und Männern an solchen Drehkreuzen ist einfach erklärt: Wenn eine Frau die Eintrittskarte aus Plastik eingeschoben hat, sich die Metallbügel aber nicht bewegen lassen (das kommt immer mal wieder vor), schaut sie entweder hilflos, drückt auf irgendeine Taste oder hält Richtung Kassenbereich nach Hilfe Ausschau. Wenn bei einem Mann das Drehkreuz nicht binnen Sekundenbruchteilen auf das Einschieben der Karte reagiert, versucht er, die gesamte Anlage mit Körperkraft zu durchbrechen. Rumms. Kom-pro-miss-los. Kompromisslos männlich.

Auch in den Schwimmbecken wurde ich gewahr, dass sonntags vieles anders ist. Allein das Leben unter Wasser: An einem Sonntagvormittag muss man aufpassen, was alles überraschend in der Tiefe unterwegs ist. Es liegt wohl daran, dass Frauen in einem Schwimmbad in erster Linie schwimmen, Männer hingegen in erster Linie tauchen. Gerade in den pudelwarmen Nichtschwimmer-Becken schweben und sausen die männlichen Körper so behänd durch das Nass, als befänden sie sich nach langer Gefangenschaft endlich wieder in Freiheit, in ihrem Ur-Element sozusagen. Ein wenig muss ich an die frühen Tierfilme von Heinz Sielmann denken, in denen die eine oder andere Seekuh überraschend geschickt durch das Meer gleitet. Die Unschärfe dieser Beobachtung mag man mir verzeihen, da ich ein wenig kurzsichtig bin – in Schwimmbädern ohnehin ein gewisser Standortnachteil: Wir Brillenträger sehen – ohne Brille – in Schwimmbädern Sachen, die so, wie wir sie wahrnehmen, nicht sind und deren wahre Identität wir erst identifizieren, wenn wir nahe herankommen; vielleicht sind wir deshalb auch ein wenig schreckhafter. Gerade an diesem Sonntagvormittag schreckte ich also das eine oder andere Mal gehörig auf, weil sich kurz vor mir immer wieder mehr oder weniger behaarte, in aller Regel aber wuchtig tätowierte Wesen enttarnten, indem sie – schwupps – aus den Fluten auftauchten. Schlangen, Drachen, Ying und Yang und so manche asiatischen Schriftzeichen erhoben sich unvermutet vor mir, so als hätte ich irgendwelche Seeungeheuer aufgescheucht, die seit Jahrtausenden in den Tiefen des Spaßbades geschlummert hatten. Natürlich waren es keine Seeungeheuer, denn die prustenden Wesen schnappten kurz nach Luft, brüllten dann so etwas wie »Jo-na-than! Hiiierher!!« – und tauchten wieder ab. Kein Ungeheuer. Nur ein Vater. Puh.

Jonathan und die anderen Jungen (komischerweise waren die meisten Väter mit Jungen unterwegs, entweder haben sie keine Töchter oder keine Lust, mit denen schwimmen zu gehen) sind gut beraten, wenn sie sich dicht an Papa halten (Tauchen ist männlich). Denn Väter nehmen es im Schwimmbad mit der viel beschworenen Erziehung zur Freiheit durchaus ernster als die Mütter und zeigen sich bei der Übergabe von Verantwortung an den Nachwuchs tendenziell großzügiger. Fasziniert beobachtete ich ein Gespräch zwischen Vater und wohl fünfjährigem Sohn, der aus dem Strömungskanal des Spaßbeckens rief: »Papa! Paa-pa! Schnell, schnell, komm. Ich kann mich nicht mehr halten – gleich geh ich unter…« Jede Mutter hätte jetzt nur Bruchteile von Sekunden gebraucht, um beim Kind zu sein und es zu retten. Aber was macht der Vater? Hört wohl, was der Sohnemann sagt, lächelt, ruft noch: »Ja, ja« – und taucht in eine andere Richtung ab. Und der Sohn? Er stutzt nur kurz (ungefähr so lange wie der Vater vorhin am Eingangsdrehkreuz). Dann schwimmt er ebenfalls weiter.

Es ist ein Sonntagvormittag der reinsten Lebensfreude. Es wird gelacht und geplanscht, mit Wasser gespritzt und ins Becken geschubst, bis zum Ich-kriegekeine-Luft-mehr untergetaucht und so lange mit den riesigen Schwimmreifen aufeinander geworfen, bis ein unbeteiligter Rentner ihn endlich klatschend an den Kopf bekommt. Bald bekomme ich Hunger. Rasch raus aus dem feuchten Spaß und ab ins Schwimmbad-Restaurant zu Pommes und Currywurst. Auf dem Weg dahin begegnen wir einen Vater, der seiner Tochter (also doch eine Tochter!) die Haare fönt. Als Praktiker hat er in beiden Händen einen Fön und hält von beiden

Seiten voll drauf (und ein bisschen zu dicht dran, weshalb die töchterlichen Ohren schon krebsrot leuchten). Die wehrlosen langen Haare der Prinzessin fliegen nur so durch die Luft, Wirbel bilden sich überall, auf dem Kindskopf herrscht heilloses Durcheinander. Im Spiegel erheische ich ihren Blick. Sie schaut tatsächlich mitleidig – Papa versucht halt, meine Haare zu föhnen. Er gibt halt sein Bestes. Wir müssen Geduld mit ihm haben. Und ihn hinterher loben. – Das alles scheint dieser Blick zu sagen. Aus einem Reflex heraus verspüre ich keine Lust, ihre Mutter kennenzulernen.

Der abschließende Besuch im Schwimmbadrestaurant war unbefriedigend: Die Currywurst schmeckte ohne die Schwimmbadmütter um mich herum nicht so richtig. Und Väter waren auch kaum da – wahrscheinlich zogen sie rechtzeitig heimwärts, weil Mutter das Mittagessen fertig hatte. Ich fühlte mich ein wenig einsam. Ich glaube, ich will meine Schwimmbadmütter wiederhaben. Ist doch irgendwie schön, dass nicht jeder Tag ein Sonntag ist …

JEDEM KIND SEIN INSTRUMENT

Wenn früher ein Kind schwierig war, war es schwierig. Wenn heute ein Kind schwierig ist, ist es hochbegabt. Das macht manches leichter, manches aber auch fraglos schwieriger. Aber vielleicht sollen wir gar nicht »schwieriger« sagen, sondern lieber »komplexer«: Wir müssen uns nämlich von alten, wohlvertrauten Zuschreibungen trennen, was manchen Zeitgenossen nicht immer leichtfällt. So sind Kinder nicht mehr faul, unausgeschlafen, undiszipliniert oder nur schlecht erzogen. Jetzt geht es um Unterforderung im Schulunterricht, um mangelnde Flexibilität und Liberalität im Umgang mit Regeln und Gewohnheiten – bei den Erwachsenen wohlgemerkt. Man wird doch als hochbegabtes Kind einfach mal aufspringen und seinen neuesten Geistesblitz in die Welt hinausschreien dürfen, oder? So viel Aufgeschlossenheit wird man doch wohl heute erwarten dürfen. Und überhaupt: So ein hochbegabtes Kind hat es nicht leicht. Wir sollten deshalb Verständnis haben. Mehr Verständnis.

Und seien wir ehrlich: Wer möchte nicht, dass sein Kind hochbegabt ist? Da aber das Schicksal mit diesem

Merkmal höchst geizig umgeht, wollen wir als Mütter doch zumindest, dass unser Nachwuchs wenigstens in irgendeinem Teilbereich des menschlichen Daseins eine Hochbegabung zu erkennen gibt. Früh bietet sich der Sport an, doch die Lorbeeren einer solchen Begabung sind in der öffentlichen Anerkennung etwas welk geworden: Früher war es vielleicht lohnend, als »Sportkanone« betitelt zu werden. Inzwischen legt die Bezeichnung den Verdacht nahe, das Kind sei zwar körperlich recht rege, geistig dafür eher träge (dass Sport strukturell dumm macht, halte ich persönlich indes für eine bösartige Unterstellung). Hochbegabte Augenblicke sehen Mütter auch gerne bei den Konstruktionsleistungen ihrer Söhne – wenn es um die auffallende Geschicklichkeit beim Turmbau mit Bauklötzchen, im Umgang mit Säge und Schraubzwinge, mit ersten elektrischen Schaltkreisen oder dem Chemie-Baukasten geht. Hier wird der Traum vom großen Entdecker oder Erfinder in der Familie geträumt, der sich dereinst, Kolumbus gleich, auf die Weltmeere des Unentdeckten wagen und mit der Neuen Welt als Beute unterm Arm heimkehren wird. Und wir Eltern stehen an der Hafenmauer und sind stolz.

Fassen wir noch einmal kurz zusammen: Niemand möchte, dass sein Kind schwierig ist. Aber erst recht möchte niemand, dass sein Kind einfach nichts ist. Also nicht mal hochbegabt. Wenn sich aber beim besten Willen nichts Hochbegabtes an dem gedankenverlorenen Spiel der Kleinen finden lässt, haben die Eltern immer noch eine Chance, hier pädagogisch geschickt nachzuhelfen und vielleicht doch noch Unentdecktes zu entdecken: Das Kind lernt jetzt ein Instrument. »Jedem Kind ein Instrument« heißt das heute – jedenfalls ist so ein entsprechendes Programm des Landes Nordrhein-Westfalen betitelt, das mit Blick auf das Jahr der Kulturhauptstadt Ruhr 2010 aufgelegt wurde. So was hört sich nicht nur gut an (weil damit wieder einmal dem Dativ gerettet wird), sondern ist auch höchst verdienstvoll, weil jedem Grundschulkind des Ruhrgebiets die Möglichkeit eröffnet wird, ein Musikinstrument zu erlernen, das es sich selbst ausgesucht hat. Das nenne ich mal einen musikalischen Strukturwandel in der Region. Dem Ruhrgebiet mag es deshalb vielleicht nicht unbedingt wirtschaftlich besser gehen, aber die Lage hört sich einfach besser an.

Wobei – das mit dem Besseranhören ist ja die eigentliche Herausforderung beim vermeintlich hochbegabten Musizieren. Nehmen wir die klassischen Vehikel der Hochbegabten-Forschung auf diesem Gebiet: die Flöte und die Geige. Beides kann in geübter Kinderhand zu einem seltenen akustischen Genuss werden. Muss es aber nicht. Eine schief, aber dafür energisch geblasene Blockflöte ist ein besonderes Erlebnis, einige Musiklehrer scheuen auch nicht davor zurück, solche Experimente sogar im Klassenverband vorzunehmen. Das verdient meines Erachtens Respekt und macht ganz nebenbei darauf aufmerksam, dass das Lehrersein eben ausgedehnte Ferienzeiten beinhalten muss – oft genug dauert es Wochen, bis solche Klänge wieder aus den Ohren verschwunden sind. Aber vom kollektiven Flöten noch schnell zum individuellen Geigenunterricht. Auch hier reicht die Bandbreite der Sinneserlebnisse von der ersten wackeren Tonleiter bis hin zu einem zunächst unbekannten, sägenden Geräusch.

»Konstantin, du musst den Ellbogen höher halten!« Ich betrachtete die engagierte Mutter, die ihren etwa Sechsjährigen zum ersten Vorspiel bei der Geigenlehrerin begleitete. Bei der letzten Probe rief sie ihm vorher noch diese Korrektur zu. Ich war irritiert. Tat ich genug für meinen Sohn, der sich ebenfalls an der Geige versuchte? Muss man dabei einen Ellbogen hochhalten? Vielleicht gar beide? Und wenn: Warum weiß ich das nicht? Schließlich heißt es doch so schön, dass hinter jedem musizierenden Kind in der Regel ein übendes Elternteil steht. (Oder vielmehr sitzt.) Das ist besonders lustig, wenn Mama oder Papa entweder das einzuübende Instrument gar nicht oder nur unzureichend beherrschen (ich habe mal versucht, eine Geige in die Hand zu nehmen und beide Ellbogen hochzunehmen – das sah irgendwie etwas albern aus), noch sehr viel lustiger ist es, wenn die Aufsichtsperson überhaupt kein Instrument spielt. Dann wird das ganze intergenerative Übeprogramm in meinen Augen noch plausibler. Ich selbst bin in meiner musikalischen Sozialisation stets gut mit dem Motto gefahren: »Wer übt, der kann nichts.« Inzwischen bin ich zugegebenermaßen – zumindest mit Blick auf musizierende Kinder – ein bisschen ins Zweifeln gekommen. Der erwähnte Konstantin aus dem Geigenvorspiel (das die Mutter selbstverständlich mitfilmte) durfte übrigens bei dieser Gelegenheit ein Solo hinlegen. Es war für das Niveau eines Sechsjährigen tatsächlich beeindruckend. Wahrscheinlich ist er hochbegabt. Ganz sicher sogar.

Aber erinnern wir uns daran, dass es heutzutage beim Musizieren der Kinder nicht um das Musizieren der Kinder an sich geht. Sondern eben immer häufiger um den richtigen Weg, doch noch eine wie auch immer geartete Hochbegabung diagnostizieren zu können. Machen wir uns nichts vor: Eine Geige ist oft genug nur Mittel zum Zweck. Wird das dem Instrument gerecht? Lohnt es wirklich, dafür die Ellbogen zu heben? Ich weiß es nicht. Ansonsten halte ich es mit Blick auf die Instrumentalisierung der Musik für andere Zwecke mit dem von mir sonst gar nicht so geschätzten Johannes Heesters: »Man müsste Klavier spielen können«, so sang er vor gefühlten 230 Jahren, »wer Klavier spielt, hat Glück bei den Fraun.« Endlich mal ein Thema, bei man nicht unbedingt hochbegabt sein muss …

MÜTTER DER NATION

Es wäre übers Ziel hinausgeschossen, würde man generell behaupten, Mütter seien scheue Wesen. Sicherlich gibt es immer mal wieder einige, die in der Zurückgezogenheit der häuslichen Idylle ihr zufriedenes Dasein fristen, die Mann und Kinder rund um die Uhr umsorgen und ansonsten den Gang der Weltgeschichte nicht weiter behindern. Aber von diesen dankbaren Geschöpfen einmal abgesehen, treffen wir Mütter in der Öffentlichkeit durchaus selbstbewusst immer wieder in kleinen Grüppchen an, die sich vor Kindergärten und Schulen, in der Sauna, vor dem Yogastudio oder im Kassenbereich des Bioladens sammeln (»Darf ich mal? Danke…«). Und dann gibt es da noch eine weitere Kategorie von Müttern, die so sehr im Rampenlicht der Öffentlichkeit stehen, dass wir mit dem Begriff der Scheuheit nicht weiterkommen. Sie ahnen es: Es handelt sich um die viel beschworenen Mütter der Nation. Die einen mögen jetzt an Ursula von der Leyen denken, ich selbst möchte der Globalisierung Tribut zollen und zugleich auch Sarah Palin erwähnen, die Ex-Gouverneurin von Alaska.

Jetzt werden Sie sagen, dass zwischen diesen beiden doch erhebliche Unterschiede zu erkennen sind. Das räume ich auch freimütig ein, und um gleich den wohl markantesten Unterschied zwischen beiden in einem Bild zu fassen: Bei allen politischen Differenzen hätte ich nie die Sorge, Ursula von der Leyen könnte mit einem entsicherten Sturmgewehr in den Händen durch den Wald laufen. Bei Sarah Palin bin ich … äh … also … da … da müsste man vielleicht den Kontext sehen, um zu verlässlichen Aussagen zu kommen. Schließlich ist es in Alaska oft lange dunkel, und kalt ist es auch, und irgendwie sind das Leben und auch die Menschen irgendwie – sollen wir sagen: natürlicher? Jedenfalls hat die Ex-Gouverneurin einmal in einem Interview als ihre Lieblingswaffe das »Sturmgewehr« bezeichnet (eine republikanische Präsidentschaftskandidatin nannte übrigens auf diese Frage »Die Bibel. Und viel Geld« – vor dieser Kombination in den Händen einer solchen Frau habe ich mindestens so viel Angst wie vor Frau Palin und ihrem Sturmgewehr).

Aber es soll uns nicht um die Waffe einer Frau gehen, sondern um das Politische an ihr, also an der Frau. Denn die, nämlich Sarah Palin, hat gesagt: »Eine Mutter weiß am besten, was unser Land braucht.« Wer jetzt lacht und denkt: Na ja, die Wahl zwischen Keksen und Kuchen ist so schwer nun auch nicht, der hat den Ernst der Stunde immer noch nicht verstanden. Denn in den USA haben Mütter mit solchen Aussprüchen längst Konjunktur – und machen damit Politik. Die konservative Mittelschicht hat die sogenannten Grizzly Moms hervorgebracht, die ihren Kampfnamen als Ehrenbezeichnung verstehen, weil sie wie die Bärenmütter gegen alles kämpfen, was schlecht oder bedrohlich für ihren Nachwuchs ist. Gegen die in ihren Augen zu laschen Waffengesetze etwa. Klar – auch die Kleinen sollen später ja einmal ballernd durch den Wald laufen können. Diese Mütter halten sich für politisch kompetent, weil sie eine Familie organisieren können. Was ist dagegen die Bekämpfung von Massenarbeitslosigkeit? Das Stopfen eines Haushaltsloches? Ein Angriff auf den Irak? Na? Nichts ist das dagegen, sagen die Grizzly Moms. Ich habe fünf Kinder großgezogen, und aus allen ist was geworden, weil alle fünf heute ein Sturmgewehr bedienen können. Also kann ich auch Präsidentin werden. Noch Fragen?

Wem jetzt ein wenig bang ums Herz wird, der wird vielleicht verstehen, warum ich Ursula von der Leyen so mag. Die ist nämlich keine Grizzly Mom. Nicht einmal ein richtiger Grizzly ist sie (gut, wenn man ihre Amtsnachfolgerin manchmal im Bundestag sitzen sieht, könnte man meinen, die Bundesarbeitsministerin habe der neuen Bundesfamilienministerin auf dem Weg in den Plenarsaal noch einmal freundlich mit der Tatze ein paar ordentliche Kratzer mitgegeben), sondern einfach eine gute Mutter und gute Politikerin. Weil sie beides gut macht, wurde sie in Deutschland zunächst einmal mächtig angefeindet (ich gebe zu, ich fand Ursula von der Leyen allein schon deshalb irgendwie toll, weil alle an ihr herummäkelten). Gut, am Anfang hat sie sich mächtig mit ihren sieben Kindern ablichten lassen, mit Pony und Lämmchen und ebenfalls erfolgreichem Ehemann – so viel Selbstbewusstsein ist für eine deutsche Mutter denn doch zu viel. Die einen (die sie politisch wieder loswerden wollten) warfen ihr vor, tendenziell eine Rabenmutter zu sein, die anderen (die verärgert waren, weil sie in von der Leyens doppeltem Erfolg ihre eigene Begrenztheit gespiegelt sahen) warfen ihr vor, dass sie das alles nur dank ihres Personals schaffe: »Möchte nicht wissen, wie viele Kindermädchen die beschäftigt« – als sei das in irgendeiner Form strafwürdig.

Doch wir wollen die Sache von der heiteren Seite sehen. Und dabei muss ich sofort an Frau Gaschke denken, die in der »Zeit« dem bildungsbürgerlichen Publikum erklärt, was an Frauen und Männern und den ausbleibenden Kindern dran ist. Jedenfalls beschrieb Frau Gaschke eines Tages – als es in Deutschland noch eine CDU-SPD-Koalition auf Bundesebene gab – auf der ersten Seite der »Zeit« ein zumindest für mich erstaunliches Phänomen der politischen Kultur in unserem Lande: »Die Familienpolitik der Großen Koalition ist ein Glücksfall für Zehntausende von Paaren, die in den vergangenen drei Jahren endlich aufhören konnten, zu hadern und abzuwägen und zu streiten und endlos zu diskutieren. Die sich entschlossen haben, zu Familien zu werden.« Da gab es also Männer und Frauen in diesem Land, die an Merkel und Steinmeier dachten und dann ganz wild aufeinander wurden, die Treppe hinaufstürzten und anschließend sofort … Na-Sie-wissen-schon. Ist das nicht toll? Da verbinden sich Politik und Leidenschaft doch in einer nie geahnten Form! So gesehen wird gerade beim Thema Mütter (und Kinder) endlich mit der Mär aufgeräumt, wonach Politik nichts verändere (oder verändern könne). Stimmt also gar nicht!

Aber wir wollen die Sache ja von der heiteren Seite sehen – weshalb ich jetzt zu der eigentlich spannenden Frage komme, wie es denn wirklich wäre, wenn die Mütter die Politik endlich so organisieren würden, wie sie es von zuhause gewohnt sind? Wenn wir Frau Palin zwar nicht in der Waffenfrage, aber zumindest dahingehend folgen würden, dass ein Land auch nur so etwas wie eine – zugegebenermaßen etwas größere – Familie ist? Wie würde denn eine Mutter von der Leyen den Haufen zusammenhalten, in diesem Fall: die Bundesminister bei einer Kabinettssitzung? »Jetzt aber alle mal hinsetzen! Und der kleine Philipp ist mal nicht mehr so zappelig und versucht, einfach mal drei Minuten ganz stille zu sein und sich nicht wieder in die Euro-Spiele von Wolfgang einzumischen, ja? Der guckt nämlich schon wieder so grimmig, und ich will nicht, dass ihr euch wieder prügelt. Und die liebe Annette lässt mal für einen Augenblick den Keksteller stehen – danke schön, Annette. Und Guido? Hör doch bitte, bitte endlich auf zu heulen, das ist ja nicht mehr zum Aushalten. Und leg dieses alberne Taliban-Spielzeug weg, das finden wir wirklich nicht lustig.« Hört sich doch gut an, oder? Und aus dem nicht weit entfernten Schloss Bellevue wäre noch vor gar nicht langer Zeit die Stimme der jugendlich wirkenden damaligen First Mom herübergeweht: »Christian, du weißt schon: Du darfst mit den schönen Sachen spielen, aber behalten können wir sie nicht. Nein, das haben wir vorher besprochen. Der nächste Präsident darf damit spielen, wenn wir dann wieder nach Großburgwedel ziehen.« Pause. Der Knabe muss nachdenken. Deshalb eine etwas längere Pause. Noch einmal kurz nachgedacht. Und dann Tränen: »Buuaah!! Dann müssen wir ja auch aus dem schönen Schloss ausziehen, buuaahh!«

Schauen wir noch kurz bei den Parteien herein. Im Haus der Opposition sitzt Mama Andrea und versucht, die traditionell streitenden Jungs der Familie auseinanderzuhalten, die sich gerade ausnahmsweise einmal zusammengerauft haben, allerdings um nun gemeinsam »Dickie« zu ärgern. Der steht wieder mal allein da. »Sigi, du musst deutlicher sprechen, wir verstehen alle nicht, was du eigentlich sagen willst.« Im Nachbarhaus wird gerade der kleine Streber für alle überraschend beim Abschreiben erwischt: »Karl Theodor – hab ich das gerade richtig gesehen? Was? Und dann lügst mich auch noch frech an, dass du das nicht warst? Und hör endlich auf zu grinsen, wenn ich mit dir rede.« Und während alle nur auf diesen Harry Potter für Arme schauen, macht sich der stille Horst wieder unerlaubterweise an die Mädchen ran. Tiefer Frieden herrscht eigentlich nur bei der Linken. Dort macht der kleine Oskar brav eeiiih, eeiiih bei der süßen Sarah, die daraufhin aus Versehen mal lächelt – und alle haben sich lieb.

Das mit dem Haushaltsdefizit und dem Euro hätte so eine Mutter vermutlich auch schnell mit daheim bewährten Mitteln in den Griff bekommen. Mehr noch: Die Griechen wären bei ihr gar nicht erst in die Währungsunion hineingekommen, weil eine an jahrelanger Hausaufgabenbetreuung geschulte Mutter auf Anhieb den Schwindel bemerkt hätte. »So, mein lieber Konstantinos, das nennst du eine ordentliche Rechenaufgabe? So kalkuliert man doch keinen Haushalt. Da gehst du aber schön zurück in dein Zimmer und machst das aber alles noch einmal neu, verstanden?« Und die verspielten Ackermanns von den Banken und Börsen würden von einer gewissenhaften Mutter beizeiten eins auf die Finger bekommen: »Josef, lass das, dir gehört nicht alles. Das Geld ist für alle da, was hast du nur davon, wenn das alles nur bei dir ist? Sei nicht so gierig. So, und Schluss jetzt, gib den anderen das Geld wieder, räum auf und wasch dir die Hände fürs Abendessen.« Ja – wie schön könnte das sein. »Mehr Demokratie wagen«, träumte einst Willy Brandt – aber der war ja bekanntlich auch nur ein Mann. Ich würde einen Schritt weitergehen und fordern: Mütter an die Macht! Schluss mit lustig! Jetzt wird aufgeräumt! Und Zähne putzen nicht vergessen!

MACHEN KINDER GLÜCKLICH?

Im Prinzip ja.

MACHEN KINDER WIRKLICH GLÜCKLICH?

Nun ja – jetzt wird die Sache schon etwas komplexer. Also, wir halten erst einmal das »Im Prinzip ja« aus dem vorherigen Kapitel fest, erweitern es aber durch die Hypothese von der bewussten elterlichen Widerständigkeit gegen die fortschreitende Problemreduzierung unserer Welt. Mit anderen Worten: Wer Kinder hat, sucht die Herausforderung, weil er Probleme hat, die andere nicht haben. Und wer sie meistert, der ist glücklich. So gesehen machen also Kinder tatsächlich glücklich. Sie geben uns nämlich die ersehnte Chance, endlich über uns hinauszuwachsen und die wahren Abenteuer des Lebens zu meistern.

Dass das so ist, liegt an den spezifischen Bedingungen unserer Gegenwart: In einer Welt, in der ja bekanntlich alles immer einfacher wird (Freisprechanlagen, Fertigessen, automatische Einparkhilfe, Euro-Rettungsschirm, Zentralabitur), besinnen sich Eltern auf die uralte Kulturtechnik der Herausforderung, verspüren sie noch jene Leidenschaft, die das Meistern so vieler unterschiedlicher, zumeist völlig überraschend und dann noch zeitgleich auf einen einstürmender Probleme geradezu rauschhaft erlebbar macht. Dreckige Kinderstiefel, ausfallende Milchzähne, gleichmäßig über Tisch und Stuhl verschmierter Karottenbrei, Trotzanfälle im Linienbus, schlechte Laune aus der Schule und Läuse aus dem Kindergarten? Das alles meistert eine Mutter. Wie schön ist das! Und kennen Sie dieses Gefühl, wenn Sie es tatsächlich geschafft haben? Ja? Dieses Gefühl, noch den letzten echten Herausforderungen und Gefahren begegnet zu sein, die eben nicht draußen in irgendwelchen dämlichen Fernsehcamps lauern, sondern bei uns daheim an den abendlichen Esstischen, im morgendlich überfüllten Badezimmer oder in der dunstigen Schwüle eines überlangen Elternabends?

Halten wir fest: Eltern sind die letzten Widerstandskämpfer in einer Welt, die den Menschen keine Herausforderungen mehr bietet. Der Langeweile des gesellschaftlichen Wandels, der Eintönigkeit der Arbeitswelt mit ihren festen Strukturen und klaren Erwartungen an das Morgen – all diesen unkreativen Erscheinungen der Moderne vermag eigentlich nur das Zusammenleben mit Kindern noch eine belastbare Alternative entgegenzusetzen. Alle Mütter wissen das und schätzen sich tagtäglich glücklich, an diesen letzten wirklichen Aufgaben unserer Zeit aktiv teilhaben zu dürfen.

Ich erwähne diese Selbstverständlichkeit auch nur, weil mir unlängst ein Zeitungsartikel in die Hände fiel, der dem angeblichen Mythos vom Elternglück gewidmet war. Darin schreckte der Autor (ein Mann! Sehr wahrscheinlich ein voll berufstätiger Mann!) nicht vor dem Hinweis zurück, Väter und Mütter würden sich bloß einreden, dass der Nachwuchs ihr Leben bereichere – obwohl doch Kinder in Wirklichkeit nur nerven und obendrein eine Menge Geld kosten. Dass ein solcher Artikel eine Frechheit ist, versteht sich von selbst. Aber der von mir absichtlich nicht namentlich erwähnte Verfasser kann es überdies nicht lassen, auch die nicht weiter spezifizierte »empirische Glücksforschung« (werden da die Lotto-Kugeln nachgezählt, oder was?) zu bemühen und mit ihr festzustellen, dass Eltern insgesamt mit Leben und Beziehung unzufriedener und – jetzt kommt's – »emotional verwahrloster dastehen als kinderlose Paare«. Da hört es sich aber auf. »Emotional verwahrlost«? Ich gebe dir gleich emotional verwahrlost. Was soll das denn überhaupt sein? Als ich umgehend eine andere Mutter fragte, ob sie sich auch emotional verwahrlost fühle, lachte sie nur. Na also.

Zurück zum Glück. Betrachten wir das Glück zunächst einmal als solches. Immer steht das Glück am Ende unserer Bemühungen, meist auf einer schmucken Blumenwiese, fast immer in schönstem Sonnenschein – geduldig, freundlich, manchmal vielleicht ein wenig augenzwinkernd, in einigen Momenten scheint es sogar schüchtern-vergnügt zu uns herüberzuwinken. Es ist ein bisschen scheu, das Glück, aber keineswegs schreckhaft. Es wird fraglos ein Stückchen auf uns zugehen, wenn wir uns ihm ebenfalls vorsichtig nähern. Und doch gehört das Glück uns nicht allein. Statt sich hemmungslos auf die Mütter dieser Welt zu stürzen, sorgt es sich in der ihm eigenen Gerechtigkeit auch um alle anderen, die sich mehr oder weniger sorgend um unsere Kinder scharen: die Krankengymnasten, die Ergo- und sonstigen Therapeuten, die Erzieherinnen und Lehrerinnen, Logopäden, Babykurs-Anbieter, Babysitter, Kinderärzte, Spielzeughersteller und sogar den letzten einfallslosen Textilgestalter, der auf ein rosafarbenes Mädchen-T-Shirt ein Kätzchen malt, das »Hello, Kitty« sagt. Für sie alle ist das Glück in seiner majestätischen Größe unterschiedslos da. »Ich möchte, dass es euch allen gut geht«, erklärt es lächelnd. Und so ist es dann ja auch. Gut – die Segnungen des Glücks sind gelegentlich ein bisschen eigentümlich verteilt, weil die genannten Berufsgruppen schließlich das ganze Geld bekommen, wir Eltern aber in aller Regel die Probleme. Doch das ist nur auf den ersten Blick ungerecht, denn genau diese Probleme – genauer: die Überwindung derselben – ist ja unser Weg ins Glück.

Leider gibt es immer noch Neider, die uns diese Argumentation nicht abnehmen. Damit komme ich noch einmal auf den vermutlich selbst emotional verwilderten Autor jenes Zeitungsberichtes zurück, der die Existenz des wahren Elternglücks hartnäckig bezweifelt. Die Eltern würden ihr angebliches Glück idealisieren, und je höher die Erziehungskosten seien, desto stärker reagierten die Eltern mit zusätzlicher Idealisierung. Das tun sie augenscheinlich so lange (und aus meiner Wahrnehmung dann auch überzeugend), bis die bisher kinderlosen Paare sich regelrecht anstecken: Sie würden so erst recht angestiftet, selbst Nachwuchs zu zeugen. Ich gebe zu, so hatte ich das bislang nicht gesehen, bin aber froh, dass Männer und Frauen durch solche guten Anstiftungen schließlich zu Eltern werden – und nicht wegen Frau Merkel und Herrn Steinmeier, wie Frau Gaschke uns erzählen wollte. Tatsächlich ist das Glück der Eltern also ansteckend. Wie schön. Kinderlose brauchen nur das Glück zu schauen: »Guck mal, Schatz, die Bremaiers von nebenan, ist das nicht süß, mit ihren Kleinen? Na, wie wär's?« Der Rest ist bekannt. So kommt eins zum anderen – ich meine: ein Kind zum anderen. Bis das Glück randvoll ist. Dementsprechend lautet ja auch eine goldene Regel (die mir eine befreundete Mutter erklärte): »Wer mit seinen Kinder glücklich ist, bekommt noch eins.« So lange, bis Ruhe ist mit dem Reden von Glück. Nun ja.

Aber apropos Glück: Bei ihm heißt es immer gut aufpassen; sobald man es aus den Augen lässt, ist das quirlige Wesen schnell wieder entwischt. Husch, husch, hat es seine Blumenwiese verlassen, sitzt aber – welch Überraschung – plötzlich quiekend vor Freude mit den anderen Kindern im Sandkasten, die sich alle gegenseitig mit Sand bewerfen und dabei laut vor Vergnügen schreien. Verspielt ist dieses Glück nämlich auch, das vergaß ich zu erwähnen. Aber ob nun Glück oder nicht – nach der Sandschlacht gibt es eine Extra-Badewanne für alle. Für alle, hab' ich gesagt. Also darf auch Freund Glück ruhig in der reinigenden Wanne Platz nehmen, ein ordentliches Bad schadet auch ihm nicht.

Und die Ohren werden geputzt. O doch, Freundchen. Aber sicher. Da draußen auf deiner Blumenwiese darfst du rumlaufen, wie du möchtest, aber solange du deine dreckigen Sandkastenfüße in meine Badewanne hältst, werden auch die Ohren geputzt. – Und da lächelt das Glück wieder.

WOFÜR ERWACHSENE SPÄTER EINMAL IN DER HÖLLE SCHMOREN WERDEN

Ich bin mir nicht sicher, ob ich theologisch ausreichend bewandert bin, um die Frage nach der Existenz einer Hölle zufriedenstellend zu beantworten. Um es abzukürzen, wollen wir uns an dieser Stelle darauf verständigen, dass es eine solche gibt. Mit Feuerqualen, einem ordentlich feixenden Teufel und allem, was sonst noch dazu gehört. Jetzt stellt sich selbstverständlich die Frage, wer von uns dereinst diesen Ort erblicken wird. Und weshalb? Was prädestiniert einen Erwachsenen von heute dazu, hinsichtlich seines Verhaltens gegenüber Müttern und Kindern dereinst in der Hölle zu schmoren? Ohne große Mühe habe ich gesammelt, welche Vergehen eine solche Strafe verdienen. Es sind teuflisch viele, und so habe ich versucht, meine persönliche Bestenliste aufzustellen …

Ganz oben stehen die Macher und Anhänger von Kinderfernsehen. Wie sagte mir einmal eine Mutter über ihren Vierjährigen? »Wenn der vor der Glotze sitzt und ich mit dem Essen komme, meinst du, der reagiert? Unglaublich.« Tatsächlich unglaublich, was Fernsehen aus den Menschen macht. Zum Beispiel aus der Telekom Deutschland, die mir unlängst ein aufwendig gemachtes Heftchen über Fernsehunterhaltung ins Haus schickte – »Entertain« heißt es. Darin war ein besonders grausiger Artikel über »Große Unterhaltung für kleine Leute«. Warum, so wird dort gefragt, »bei schlechtem Wetter nicht mal einen gemütlichen Nachmittag vor dem Fernseher mit den Kindern einlegen?« Genau – warum nicht? Vielleicht nur, weil Fernsehen blöd macht? Nein, nein, das haben die Textmacher noch nicht bemerkt. Sie wollen auf etwas ganz anderes hinaus, nämlich auf die tollen Chancen ihrer TV-Sender-Pakete (ich muss sofort wieder an Herrn H. und seine Riesenwindel denken). Es gebe nämlich super Angebote, in denen alle Serien und Formate »den elterlichen Anforderungen« entsprechen. Da bin ich gespannt. Zum Beispiel: »Der werbefreie Sender Disney Junior, der sich an Vorschulkinder zwischen 2 und 7 Jahren sowie deren Eltern richtet, verbindet sein tägliches Fernsehprogramm mit einer integrierten Webseite. Dort können sich die jungen Zuschauer über ihre Lieblingsserien informieren, an Gewinnspielen teilnehmen und eigene Video-Playlisten anlegen.« Ich denke, wer Kinder im Vorschulalter vors Fernsehen und dann noch an Webseiten setzen will, hat sich seinen Platz in der Hölle redlich verdient – und ganz sicher treffen die Telekom-Entertainer dort auch die alten Kollegen wieder, die uns einst die Telekom-Volksaktie aufschwatzen wollten (wobei die sich wahrscheinlich rechtzeitig einen Höllen-Platz in Liechtenstein gesichert haben).

Heiße Anwärter auf die Hölle sind auch die allermeisten Spielzeughersteller. Ich halte einen Katalog in den Händen, in dem die Einkaufsleiterin Nadine C. ihre Leserinnen mit den Worten begrüßt »vorallem [das schreibt sie zusammen] mit Kindern gehören die Wochen vor Weihnachten zur schönsten Zeit im ganzen Jahr«. Vor allem ist ihr Katalog voll mit den schönsten Scheußlichkeiten. Zum Beispiel das Spiel »Kinder-Electric« bei dem »die lieben Kleinen« »hoch konzentriert« mit zwei Steckern versuchen, die zueinander passenden Bilder auf der linken und rechten Seite des Spielbretts zu treffen: »Wenn's stimmt, dann blinkt's« – und zwar für Kinder ab vier Jahren! Für die gleiche Altersgruppe gibt es auch noch die tolle »Schweineschwarte«: Eine Schweinchenfigur aus Plastik wird von den Mitspielern reihum mit Plastik-Hamburgern gefüttert, und der Bauch des Schweines wird immer dicker. »Alle fragen sich: Bei welchem Hamburger wird der Gürtel wohl platzen?« Toll auf Reisen! »Mampfen, bis die Schwarte kracht!« Wenn nicht für Nadine C., die wahrscheinlich auch nur Befehlen folgt, aber für die Hersteller selbst dürfte es sicher eng werden am Jüngsten Tag.

Höchststrafe auch für die Mädchenmode-Macher; dabei hatte ich allerdings nur daran gedacht, wie man dieses komische Rosa endlich wieder aus unserer Kleiderwelt bekommt. Aber noch radikaler formulierte es unlängst Thomas Fischer, immerhin Richter am Bundesgerichtshof. Der erinnerte nämlich daran, wie sehr unsere Gesellschaft schon die Kinder mit sexuellen Reizen überflute, in den meisten Modejournalen finde sich

»ein unverhülltes Kokettieren mit der Überwindung kindlicher Träume durch erwachsene Sexualität«. Wer die Journale selbst hochwertiger Kleidungshersteller durchschaut, wird dem Richter Recht geben müssen, darin posieren kleine Mädchen wie alles, nur nicht wie Kinder. Und die Auswahl der Kleidung kommentierte eine befreundete Mutter einmal so: »Wenn ich meine Tochter so anziehe, sieht sie doch aus wie eine minderjährige weißrussische Prostituierte.« Auch darauf steht die Hölle.

Zu diesem wärmenden Ort streben mit erstaunlicher Zielstrebigkeit auch viele Betreiber von Kinder-Karussells. Dies aber nicht wegen der Gestaltung ihrer kleinen Fahrgeschäfte, sondern wegen der Geräuschkulisse. Dabei meine ich in erster Linie nicht das überlaute Tröten und Jaulen von Feuerwehrsirenen oder irgendwelchen Phantasie-Fanfaren, sondern den hier zu beobachtenden Hang zur Schlagermusik: Aus mir völlig unerfindlichen Gründen plärren an Kinder-Karussells deutsche Schlager aus den 60er, 70er und 80er Jahren. Warum kleine Kinder Roberto Blanco oder Heintje hören oder sich gar an diesen Klängen erfreuen sollen, ist mir schleierhaft. Musikalische Unterwelt.

Diese Beispiele machen deutlich, wie schwer es Mütter im Alltag haben. Während die Jungs brav in ihre Büros laufen, die Weltfinanzen retten oder noch mehr Flugzeuge, Autos oder Computer bauen, müssen sie versuchen, mit ihren Kindern einen möglichst großen Bogen um das ganze Teufelszeug zu machen. Wahrscheinlich ist uns allen viel zu wenig bewusst, welche tagtäglichen Rettungstaten in unseren Straßen und Häusern vollbracht werden. Die Versuchungen einer ästhetisch entgleisten Welt mit ihren Disney-Junior-Sendern, mampfenden Plastik-Schweinen und grauenerregenden Plastikfigürchen, die uns aus den Überraschungseiern entgegenhüpfen, in denen früher doch harmlose kleine Autos zum Zusammenbauen schlummerten – all die greifen nach unseren Kindern, wollen sie unterhalten, mit Plastik einwickeln und schließlich verblöden. (Und wir haben an dieser Stelle noch gar nicht über den übergroßen Markt an Kinderbüchern gesprochen, der ein Thema für sich ist.) Es ist nur den Müttern zu verdanken, dass die Kinder dieser Hölle entgehen. Mütter setzen ihr die eigene Kreativität und Klugheit entgegen: Sie versuchen, gutes und schlechtes Spielzeug zu unterscheiden, oft genug können sie auch noch Weihnachtssterne basteln oder singen mit den Kindern ein Lied. Mit diesen Heldentaten gleichen sie die Zumutungen unserer Zeit tagtäglich aus. Nicht immer gelingt ihnen alles, und manchmal scheitern sie auch. Aber sie geben nicht auf. Und dafür – das vergaßen wir vielleicht zu erwähnen – kommen sie alle in den Himmel.

DER NIKOLAUS IST AUCH NUR EINE MUTTER

Im Kindergarten unseres ältesten Sohnes wurde ich eines Tages mit dem Amt des Protokollschreibers betraut. Das ist nach meiner Erfahrung eine höchst glückliche Position, da sie verhindert, dass sich nach einem langen Arbeits-Kinder-Tag während eines Elternabends still und heimlich die Konzentration davonschleicht – der Protokollant hat sozusagen eine sich selbst wach haltende Funktion. Er darf nicht wegnicken, auch wenn die Themen noch so verlockend sind. Und wenn er etwas nicht versteht, darf er als Einziger zum klärenden Zwischenruf greifen: »Leute, nur noch mal fürs Protokoll: Also, was jetzt? Kuchen oder Kekse?« Leider bin ich den schönen Posten dann doch wieder losgeworden; eine Erzieherin trat an mich heran und bat mich, den Ton der Protokolle – schließlich würden diese im Vereinsarchiv für die Nachwelt archiviert – bitte weniger humoristisch zu halten. Wieso humoristisch?, fragte ich zurück. »Na ja«, erwiderte sie, »allein die Sache mit dem Nikolaus.«

Nun brauche ich an dieser Stelle kaum erwähnen, dass ich mir keiner Schuld bewusst war. Die Sache mit dem Nikolaus hatte ich gar nicht humoristisch motiviert ins Protokoll gehoben, vielmehr habe ich nur die Wahrheit dokumentiert: »Der Nikolaus«, so hieß es in dem inkriminierten Textdokument aus meiner Hand, »kommt auch in diesem Jahr wieder.« So weit, so gut. Und wohl auch nicht anstößig. »Und es überrascht nicht, dass der Nikolaus auch in diesem Jahr wieder eine Frau ist.« Was bitte schön ist an dieser Notiz unseriös? Oder gar unbotmäßig humoristisch? Die Realität in deutschen Kindergärten sieht nun einmal vor, dass am Morgen des 6. Dezember der freundliche Heilige auch diesen Einrichtungen einen Besuch abstattet. Selten tritt er dabei selber in Erscheinung, aber zumeist klopft er gebieterisch an die Türe, hinter der dann ein Sack mit Leckereien liegt, sobald die Kinder sie öffnen. Höchstens – so im Fall unseres Kindergartens immer geschickt und auf die Sekunde genau inszeniert – sieht man die Gestalt mit dem roten Mantel noch um den Gartenzaun biegen. Und das alles geschieht so gegen neun Uhr, wenn die meisten Väter in diesem Land schon längst arbeiten. So also ist der Nikolaus – oder meinetwegen: die an die Tür klopfende oder um die Gartenecke verschwindende Gestalt, die wir verehren – eben eine Mutter, die nicht berufstätig ist und also Zeit für diesen Auftritt hat. Und das Jahr für Jahr. Was also bitte ist dann an der Formulierung »Und es überrascht nicht, dass der Nikolaus auch in diesem Jahr wieder eine Frau ist« unbotmäßig humoristisch? Dabei habe ich nicht einmal ins Protokoll geschrieben, dass ich den kindergärtlichen Nikolaus zwar selbst auch nur von hinten gesehen habe, aber doch überrascht war, wie gut in Schuss der alte Mann doch war – erstaunlich schlank und hochgewachsen, lange Beine, anmutig in der Bewegung und so, aber das gehört hier, glaube ich, nicht hin …

Stattdessen sollten wir bei der Frage bleiben, hinter welchen großen Gestalten unserer Zeit eigentlich noch eine Mutter steckt, ohne dass es die Kinder oder gar wir alle ahnen. Kommen wir zunächst zu den naheliegenden Figuren: Der Weihnachtsmann und das Christkind scheinen mir in aller Regel Mütter zu sein (Männer tauchen hier allenfalls als ausführende Organe auf, etwa wenn sie als verkleideter Weihnachtsmann auftreten, verständnislos blickend einem hingenuschelten Kindergedicht lauschen, mit erheblicher Mühe das richtige Geschenk aus dem Sack ziehen und die ganze Zeit nur hoffen, dass ihre wahre Identität nicht entdeckt wird – die Kinder tun ihnen ja meist den Gefallen …). Auch andere sagenhafte Gestalten sind weiblich. Ohne Frage etwa die Zahn-Fee, wohl auch die in einigen Regionen Deutschlands zu beobachtende Schnuller-Fee. Beide sind im weitesten Sinne im Tauschhandel tätig, da sie den Kindern zwar etwas überflüssig Gewordenes nehmen (Milchzahn, Saughilfe), ihnen im Gegenzug aber Spielzeug oder Leckereien zukommen lassen. Sie sind nicht auf persönlichen Gewinn aus, sondern handeln altruistisch. Also sind sie Mütter. Ebenso wie der Nikolaus.

Fassen wir zusammen: Mutterhände tun Gutes, auch

wenn wir es nicht sehen – und noch mehr: selbst wenn wir eigentlich denken, es geschähe durch Männer (wie beim Nikolaus). Hinter allem steckt also eine kluge Mutter. Wenn dem so ist, dann ist Mutter also allgegenwärtig. Das hat selbstverständlich Konsequenzen. Positive wie negative. Bedenken wir zunächst Letztere, so betreten wir alsbald das weite Feld der Mutterkomplexe. Früher dachte ich, vor allem Männer hätten Mutterkomplexe. So Ödipus und andere Jungs, die in ihrer Familie die eine oder andere Unübersichtlichkeit erleben und deshalb ein bisschen verwirrt dreinschauen. Ohne dabei dem alten Griechen selbst zu nahe treten zu wollen, schienen mir diese Komplexe zumeist ein Vorrecht der Männer zu sein, die nicht besonders helle wirken (und dabei denke ich noch gar nicht mal an Till Schweiger). So meinte ich bislang. Inzwischen hege ich allerdings den Verdacht, dass tendenziell eher Frauen Mütterkomplexe haben. Wahrscheinlich gerade wegen der vielen guten Taten! Wer will schon die Tochter vom Nikolaus sein? Oder von der Zahn-Fee? Denn die Töchter dieser Mütter wollen selbstverständlich auch so viele gute Taten vollbringen, was sie (ihr Über-Ich oder ihr Es oder was auch immer) in einen immerwährenden Konflikt mit ihren Müttern treibt. Wir alle kennen solche Fälle. Wer sich als Mann in diese immerwährende Konfliktszenerie begibt, ist meines Erachtens entweder besonders mutig oder naiv. Meistens wohl beides.

Aber die allgegenwärtige gute Mutter hat selbstredend viel, viel mehr Vor- als Nachteile. Nicht nur die

Mitmenschen, die ab und an mal einen Baum umarmen (wir sprachen schon darüber), nennen sie ja durchaus respektvoll »Mutter Erde«. Macht das Sinn? Ist unser Planet eine Mutter? Vieles spricht dafür. Ja – und auch das Schicksal als solches ist fraglos eine Mutter, wie sonst erklärt sich das Wesen dieser das gesamte menschliche Leben lenkenden Macht? Wie weit reicht die Macht der Mütter? Früher gab es mal diesen albernen Spruch: »Als Gott den Mann schuf, übte sie nur.« Viele Männer fanden den nicht so richtig lustig, auch wenn er – sagen wir einmal – eine gewisse sprachliche Raffinesse aufweist. Doch die vordergründige Belustigung versperrt uns vielleicht die Sicht auf die dahinter liegende Wahrheit; Humor hilft halt nicht immer weiter. Wenn es einen Gott gibt – und das bezweifelt ja nicht einmal der emanzipierte Spruch –, dann stellt sich doch nicht nur die Frage, ob Er ein Mann oder eine Frau ist. Es geht um die Attribute des Göttlichen. Dazu gehören bekanntermaßen Allmacht und Güte, Wissen und Liebe, vermutlich auch ein wenig Ausdauer und Geduld, und ich persönlich hätte auch nichts dagegen einzuwenden, sollte Gott noch gut aussehen und sich anmutig bewegen. Wenn dem wirklich so sein sollte, dann stellt sich schließlich die Frage aller Fragen, die zu beantworten uns Sterblichen fast nicht zuzumuten ist: Sollte auch Er nur eine Mutter sein? Ich glaube, es ist so. Und so genießen wir dieses warme Gefühl der Erkenntnis, legen das Buch beiseite und wissen uns gut aufgehoben. Unter Müttern.

Namens- und Sachregister